配送中心实务

主　编　黄海涛　覃志成
副主编　何丽云　彭　欣　梁桂才
参　编　梁　红　黎相全　黄传禧
李华英　吴光勤　李大江
梁锦明　王名龙　秦志聪

中国商业出版社

图书在版编目(CIP)数据

配送中心实务/黄海涛,覃志成主编.—北京:中国商业出版社,2015.3
ISBN 978-7-5044-8917-3

Ⅰ.①配… Ⅱ.①黄…②覃… Ⅲ.物流配送中心-运营管理-教材 Ⅳ.①F253

中国版本图书馆CIP数据核字(2015)第052714号

责任编辑:蔡凯

中国商业出版社出版发行
010-63180647 www.c-cbook.com
(北京广安门内报国寺1号 邮编:100053)
新华书店总店北京发行所经销
北京市梨园彩印厂印刷

* * * * *

787×1092毫米 16开 16印张 300千字
2015年3月第1版 2015年3月第1次印刷

定价:35.00元

* * * *

(如有印装质量问题可更换)

前 言

配送中心是商品流通乃至社会再生产过程中不可或缺的组成部分，也是现代物流体系中的重要环节。如何配送中心的提高工作效率，降低仓储配送运营成本，从而提高管理和服务水平，是每个企业都需要解决的问题。对于职业院校而言，配送中心实务是物流专业的核心课程，也是我们培养物流人才的一个重点内容。

本书紧紧抓住当前中职院校教学改革的方向，以工作任务为驱动，基于"工作过程"进行课程开发，突出课程"职业性、实践性、开放性"，强化"校企合作、工学结合"的教学方式。

本书以培养新员工的模式展开，从配送的基础知识开始，按照配送中心的工作流程，对商品的订单处理作业、进货作业、储存作业、补货作业、拣货作业、流通加工作业、送货作业、退货作业等模块进行了详细的阐述。

本书由广西商业高级技工学校黄海涛、广西机电职业技术学院覃志成两位长期从事一线教学工作的教师担任主编，并负责书稿框架的设计和统稿、定稿工作。全书编写分工如下：黄海涛编写了模块一；覃志成编写了模块二和模块三；广西机电职业技术学院梁桂才编写了模块四和模块五；广西商业高级技工学校梁红编写了模块六；广西商业高级技工学校黎相全编写了模块七；广西商业高级技工学校黄传禧编写了模块八；广西商业高级技工学校吴光勤编写了模块九；广西商业高级技工学校李华英编写了模块十；广西商业高级技工学校李大江编写了模块十一；广西物资集团桂林储运总公司人事部经理王名龙编写了模块十二；彭欣编写了教材的课后习题及参考答案；沃尔玛（广西）商业零售有限公司人力资源部经理何丽云和仓储部副总梁锦明、桂林五里店果蔬批发市场有限责任公司副总经理秦志聪提供了教材中所用到的岗位职责、技能要求与基本素质以及相关案例素材。

编者在编写本书的过程中得到了编者所在单位的大力支持，参考、引用了学术界同仁的有关著作、教材、案例等，在此一并表示衷心的感谢！

由于编者水平有限，书中不足之处在所难免，敬请广大读者批评指教。

编 者

2015 年 1 月

目　录

模块一 走进配送 1

▶学习要点

1. 了解配送的概念；
2. 掌握配送的功能与作用；
3. 掌握配送的基本方式；
4. 掌握配送合理化的标志和方法。

▶案例导入

柴真毅通过人才市场的招聘会，成为了一名刚刚入职九州通物流公司的新员工。在报到的当天，人事部门就安排柴真毅到桂林九华路18号的配送中心工作，并安排一位企业资深员工张诚作为柴真毅的师傅。

张诚是配送中心的经理，负责配送中心的全面工作。张经理按照新员工培养的工作要求，要求柴真毅先了解配送中心的基本情况，并询问了柴真毅两个有关配送的专业问题："你知道什么是配送吗？配送有什么功能和作用？"

柴真毅被问得有点不知所措，张诚接着说："你现在的任务就是找到这些问题的答案。"

任务一　配送认知

☞ 任务目的

1. 理解配送的概念；
2. 熟悉配送的特征；
3. 熟悉配送的功能；
4. 掌握配送的作用。

☞ 任务内容

带着张诚经理的问题，柴真毅走进办公室，来到安排给他的办公桌前，打开电脑，开始寻找答案，首先在网上对配送的含义、特征、功能、作用进行了解。

☞ 任务准备

计算机、互联网

☞ 任务分工

岗位	岗位职责	主要内容	技能要求与基本素质	对应人员
岗前了解	无	初步了解配送的定义、特征	初步了解配送的含义和特征	柴真毅
岗前了解	无	掌握配送的功能和作用	掌握配送的功能和作用	柴真毅

☞ 任务资讯

随着网络技术的发展和电子商务的兴起，电子商务下的物流呈现出新的发展趋势，本文以适应快速发展的电子商务的需要为切入点，剖析物流发展的新趋势。电子商务时代的到来，给全球物流带来了新的发展，促使物流业有了新的发展趋势。

1. 多功能化。在电子商务时代，物流发展进入集约化阶段，一体化的物流配送中心就不仅单单是提供仓储和运输服务，还必须开展包括配货、配送以及各种提高附加值的流通加工服务在内的物流项目，此外还可以按客户的需要提供其他服务。

2. 系统化。物流过去一般指产品出厂后的包装、运输、装卸、仓储，而现在提出了物流系统化、供应链管理 SCM 的概念，并付诸实施，使物流向两头延伸并注入了新的内涵；社会物流与企业物流有机地结合在一起，从采购物流开始，经过生产物流，再进入销售物流，经过包装、运输、仓储、装卸、加工配送到达消费者手中，现代物流包含产品从原材料供应到产品送达消费者手中的整个物理交付的流通全过程，即通过统筹协调、合理规划，控制整个商品的流动，以达到利益的最大化、成本最小化，同时满足用户需求不断变化的客观要求。

图 1－1　南京农副产品物流配送中心

3. 服务一体化。物流系统的复杂化及客户需求的多样化，则要求物流从业者提供一体化的服务，即将客户的物流业务从规划设计到运营实施全部承担下来。如何在保证一定成本的前提下，提供优质、高效的物流服务，便成了物流企业管理的中心问题。配送中心离客户最近、联系最密切，商品都是通过它送到客户手中。因此，提高配送中心的运营能力、反应速度、应变能力、是提高客户满意度的关键环节。

4. 社会化。随着市场经济的发展，专业化分工越来越细，一个生产企业生产某种产品除了一些主要部件自己生产以外，大都是外购，生产企业与零售商所需的原材料、中间产品、最终产品大部分由不同的物流中心、批发中心或配送中心提供，以实现少库存或达到零库存。

5. 信息化。在当今信息化的社会，物流的信息化是配送中心的必然要求，要想提供最佳的服务，物流系统必须有良好的信息处理和传输系统。

6. 网络化。这里的网络化有两个含义。(1)物流配送中心的计算机网络，从上游的供应商到下游的客户，全部通过计算机网络进行连接起来。(2)组织的网络化。即客户可以通过高效的物流网络，将全国乃至全世界的资源利用起来，为自己服务。

7. 全球化。随着全球经济的一体化，全球 500 强企业，已经有 400 多家进入我国，企业面临着激烈的竞争，不再仅仅是面对某地区、国内的竞争对手，也包括了国外的竞争对手。同样，我国的企业也更多地进入到国外的市场，例如：海尔集团已经将产品打入欧洲市场。企业将精力专注于核心竞争力，将非核心业务外包，其中就包括物流业务。这就要求物流企业具备全球化的运营能力。

☞任务操作

步骤一：配送的定义

配送是指在经济合理区域范围内，根据客户的要求，对物品进行拣选、加工、包装、分割、组配等作业，并按时送达指定地点的物流活动（中国标准物流术语）。配送的含义包括：

1. 配送提供的是物流服务，满足顾客对物流服务的需求是配送的前提

图1－2　找准客户需求

（1）顾客的需求是灵活多变的，消费特点是多品种、小批量。因此，配送活动绝不是简单的送货活动，而是建立在市场营销策划基础上的企业经营活动。

（2）由于单一的送货功能无法较好地满足广大顾客对物流服务的需求，因此，配送活动是多项物流活动的统一体。有些学者甚至认为，配送就是“小物流”，只是比大物流系统在程度上降低一些和在范围上缩小一些。

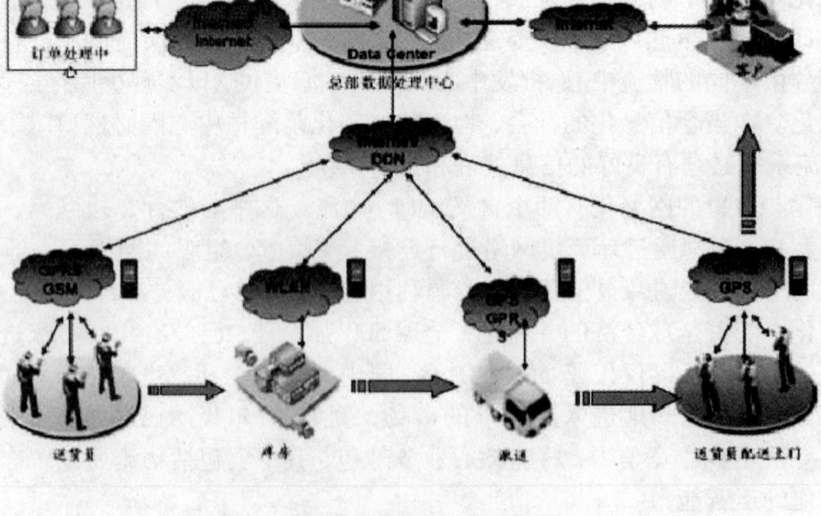

图1－3　某配送公司业务流程图

2. 配送是“配”与“送”的有机结合

所谓“合理地配”是指在送货活动之前必须依据顾客需求对其进行合理的组织与计划。

只有“有组织有计划”地“配”才能实现现代物流管理中所谓“低成本、快速度”地“送”，进而有效满足客户的需求。

3. 配送是在积极合理区域范围内的送货

配送不宜在大范围内实施，通常仅局限在一个城市或地区范围内进行。配送是从物流节点对客户的终端进行物资配置的运输，在整个运输过程中处于“二次运输”、“支线运输”、“末端运输”的位置。

图1－4　库内备货

4. 配送、运输、送货的区别

表1－1　配送、运输、送货的区别

项目	主要业务	一般特点
配送	分货、配货、送货、选择运输方式和工具、确定路线和行程、车辆调度	支线、市场末端、短距离、多品种、少批量、多批次、短周期的货物移动
运输	集货、送货、选择运输方式和工具、确定路线和行程、车辆调度	干线、中长距离、少品种、大批量、少批次、长周期的货物移动
送货	由生产企业承担，中转仓库的送货只是一项附带业务	简单的货物输送活动，技术装备简单

步骤二：了解配送的特征

1. 配送是从物流据点到用户之间一种特殊送货形式。这种特殊形式表现在配送的主体是专门经营物流的企业；配送是中转环节的送货，与通常的直达运输有所不同。

2. 配送连接了物流其他功能的物流服务形式。在配送（分拣、加工、配货、送货）中所包含的那种部分运输（送货）作业在整个运送的过程中处于“二次运送”、“终端运送”的地位。

图 1－5　货品装车

3. 配送体现了配货与送货过程的有机结合而极大地方便了用户。体现了较高的物流服务水准，即完全按用户对货物种类、品种、数量、时间等方面的要求而进行的运送作业。

4. 配送是复杂的作业体系，它通常伴随较高的作业成本。配送成本较高，就既要提高物流服务质量，又要采用降低配送成本的措施，因此，提高配送作业设计等组织管理水平就显得十分重要。在配送中心大量采用各种传输设备、分拣设备，可以实现一些环节的专业分拣或流水作业方式，降低有关成本费用。

5. 配送在固定设施、移动设备、专用工具组织形式等方面都可形成系统化的运作体系。

步骤三：配送的功能

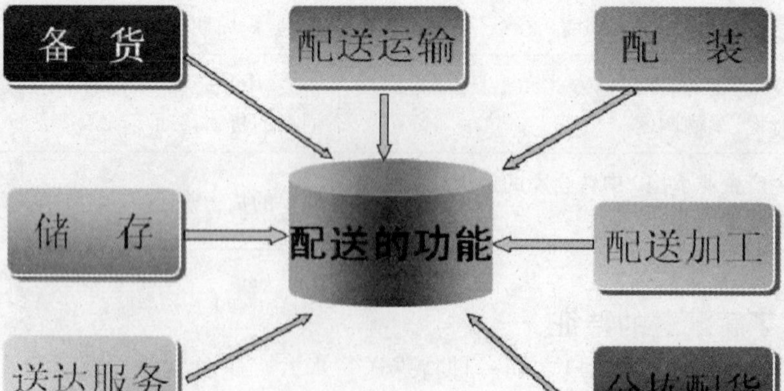

图 1－6　配送的功能

1. 备货

备货是配送的准备工作或基础工作，备货工作包括筹集货源、订货或购货、集货、进货及有关的质量检查、结算、交接等。配送的优势之一，就是可以集中用户的需求进行一定规模的备货。备货是决定配送成败的初期工作，如果备货成本太高，会大大降低配送的效益。

2. 储存

配送中的储存有储备及暂存两种形态。配送储备是按一定时期的配送经营要求，形成的对配送的资源保证。这种类型的储备数量较大，储备结构也较完善，视货源及到货情况，可以有计划地确定周转储备及保险储备结构及数量。配送的储备保证有时在配送中心附近单独设库解决。

一种储存形态是暂存，是具体执行日配送时，按分拣配货要求，在理货场地所做的少量储存准备。由于总体储存效益取决于储存总量，所以，这部分暂存数量只会对工作方便与否造成影响，而不会影响储存的总效益，因而在数量上控制并不严格。另一种形式的暂存，即是分拣、配货之后，形成的发送货载的暂存，这个暂存主要是调节配货与送货的节奏，暂存时间不长。

3. 分拣及配货

这是配送不同于其他物流形式的有特点的功能要素，也是决定配送成败的一项重要支持性工作。分拣及配货是完善送货、支持送货的准备性工作，是不同配送企业在送货时进行竞争和提高自身经济效益的必然延伸，所以，也可以说是送货向高级形式发展的必然要求。有了分拣及配货就会大大提高送货服务水平，所以，分拣及配货是决定整个配送系统水平的关键要素。

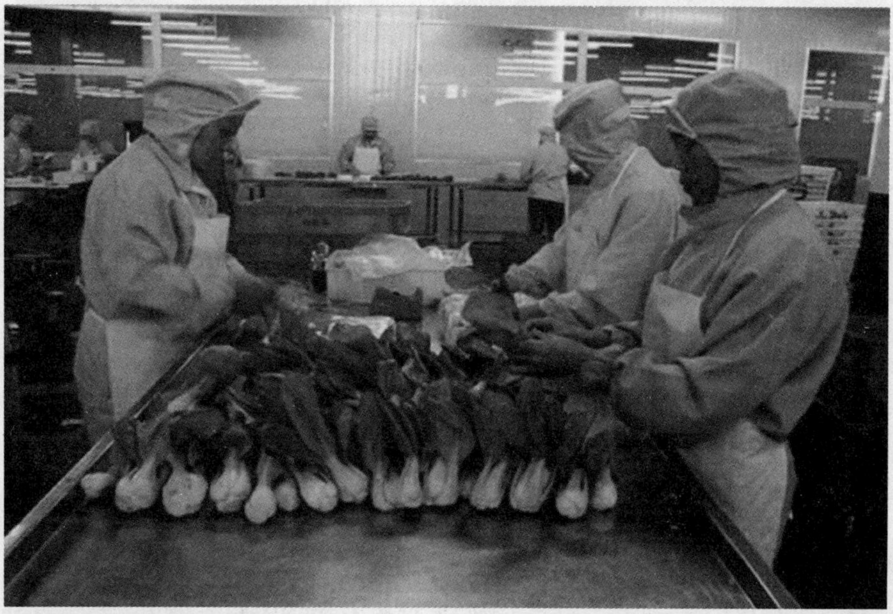

图1－7　蔬菜分拣

4. 配装

在单个用户配送数量不能达到车辆的有效载运负荷时，就存在如何集中不同用户的配送货物，进行搭配装载以充分利用运能、运力的问题，这就需要配装；和一般送货不同之处在于，通过配装送货可以大大提高送货水平及降低送货成本，所以，配装也是配送系统中有现代特点的功能要素，也是现代配送不同于以往送货的重要区别之处。

图 1－8　钢材加工

5. 配送运输

配送运输属于运输中的末端运输、支线运输，和一般运输形态主要区别在于：配送运输是较短距离、较小规模、额度较高的运输形式，一般使用汽车做运输工具。与干线运输的另一个区别是，配送运输的路线选择问题是一般干线运输所没有的，干线运输的干线是唯一的运输线，而配送运输由于配送用户多，一般城市交通路线又较复杂，如何组合成最佳路线，如何使配装和路线有效搭配等，是配送运输的特点，也是难度较大的工作。

6. 送达服务

配好的货运输到用户还不算配送工作的完结，这是因为送达货和用户接货往往还会出现不协调，使配送前功尽弃。因此，要圆满地实现运到之货的移交，并有效地、方便地处理相关手续并完成结算，还应讲究卸货地点、卸货方式等。送达服务也是配送独具的特殊性。

7. 配送加工

在配送中，配送加工这一功能要素不具有普遍性，但往往是有重要作用的功能要素。主要原因是通过配送加工，可以大大提高用户的满意程度。配送加工是流通加工的一种，但配送加工有它不同于一般流通加工的特点，即配送加工一般只取决于用户要求，其加工的目的较为单一。

步骤四：配送的作用

1. 通过集中仓储与配送可以实现企业组织的低库存或零库存的设想，并提高社会物流经济效益。配送服务水准的提高，尤其是采用定时配送或准时配送方式，可以满足企业准时生产制的需要，生产企业依靠配送中心的准时配送，就可以减少库存或只保持少量保险库存。这样，有助于实现“库存向零进军”的目标。

图1－9　出车配送

2. 通过配送可减少库存而解脱出大量储备资金用来开发新业务、改善财务状况。配送总是和集中库存相联系的，集中库存的总量远远低于各企业分散的总量，则可以从整个社会角度提高市场调节物资的能力，增强了社会物流效益。采用集中库存还可以使仓储与配送环节建立和运用规模经济优势，使单位存货配送成本下降。

3. 配送提高了物流服务水准，简化了手续、方便了用户，并相应提高了货物供应的保证程度。使用配送服务方式，用户简化订货手续，节约了有关时间；同时，由于配送中心物资品种多、储备量大，在一定时间内，可以在企业供需时间差上进行，故提高了供货保证程度，也相应降低了各企业单位由于缺货而影响生产正常进行的风险。

4. 完善了干线运输中的社会物流功能体系。配送活动与干线运输有许多不同特点，配送活动可以将灵活性、适应性、服务水准高等优势充分利用，从而使运行成本过高的问题得以解决。采用配送作业方式，可以在一定范围内，将干线、支线运输与仓储等环节统一起来，使干线输送过程及功能体系得以优化和完善。

☞任务评分

<table>
<tr><td>班级</td><td colspan="2"></td><td>姓名</td><td colspan="2"></td><td>小组</td><td colspan="2"></td></tr>
<tr><td>任务名称</td><td colspan="8">配送认知</td></tr>
<tr><td>考核内容</td><td colspan="2">评价标准</td><td>参考分值(100)</td><td>学生自评</td><td>小组互评</td><td>教师评价</td><td>考核得分</td></tr>
<tr><td rowspan="3">职业素养情况</td><td>1</td><td>具有良好的沟通能力</td><td>5</td><td></td><td></td><td></td><td></td></tr>
<tr><td>2</td><td>具有信息搜集能力</td><td>5</td><td></td><td></td><td></td><td></td></tr>
<tr><td>3</td><td>在任务实施过程中具有较强的总结能力</td><td>10</td><td></td><td></td><td></td><td></td></tr>
<tr><td rowspan="4">知识掌握情况</td><td>4</td><td>掌握配送的概念</td><td>10</td><td></td><td></td><td></td><td></td></tr>
<tr><td>5</td><td>熟悉配送的特征</td><td>5</td><td></td><td></td><td></td><td></td></tr>
<tr><td>6</td><td>掌握配送的功能</td><td>10</td><td></td><td></td><td></td><td></td></tr>
<tr><td>7</td><td>掌握配送的作用</td><td>5</td><td></td><td></td><td></td><td></td></tr>
<tr><td rowspan="3">能力提升情况</td><td>8</td><td>能够分辩配送与运输的区别</td><td>10</td><td></td><td></td><td></td><td></td></tr>
<tr><td>9</td><td>能够掌握配送管理的任务，了解配送管理人员需要完成的工作</td><td>10</td><td></td><td></td><td></td><td></td></tr>
<tr><td>10</td><td>能够主动搜集所需信息，进行自主学习</td><td>10</td><td></td><td></td><td></td><td></td></tr>
<tr><td rowspan="3">参与活动情况</td><td>11</td><td>积极参与任务实施</td><td>5</td><td></td><td></td><td></td><td></td></tr>
<tr><td>12</td><td>积极参与小组讨论</td><td>5</td><td></td><td></td><td></td><td></td></tr>
<tr><td>13</td><td>积极回答老师提问</td><td>10</td><td></td><td></td><td></td><td></td></tr>
<tr><td colspan="4">小计</td><td colspan="4"></td></tr>
<tr><td colspan="4">合计 = 自评 * 20% + 互评 * 40% + 教师评 * 40%</td><td colspan="4"></td></tr>
</table>

操作练习作业

☞知识考核

一、单选题

1. 配送是指在(　　)区域范围内的物流活动。

A. 经济合理　　B. 交通合理　　C. 线路合理　　D. 区域合理

2. 配送提供的是(　　)，满足顾客对物流服务的需求是配送的前提。

A. 工业产品　　B. 服务工作　　C. 物流服务　　D. 服务产品

3. 配送是从物流据点到用户之间一种特殊(　　)形式。

A. 物流　B. 送货　C. 服务　D. 工作

二、多选题

1. 配送的一般特点(　　)。

A. 短距离　B. 多品种　C. 少批量　D. 多批次

2. 配送中的储存有(　　)两种形态。

A. 存放　B. 储备　C. 暂存　D. 移动

3. 配送的功能有(　　)。

A. 送达服务　B. 配装　C. 储存　D. 备货

三、判断题

1. 配送是在积极合理区域范围内的运输。(　　)

2. 配送提高了物流服务水准，简化了手续、方便了用户，并相应提高了货物供应的保证程度。(　　)

3. 通过集中仓储与配送可以实现企业组织的低库存或零库存的设想，并提高社会物流经济效益。(　　)

任务二　配送的基本方式

☞ 任务目的

1. 了解自营配送模式、少品种大批量配送模式；
2. 熟悉共同配送、多品种少批量配送模式、配套(成套)配送模式；
3. 掌握第三方配送模式、协同配送、直接配送、直通配送模式。

☞ 任务内容

柴真毅找到了张诚经理提出的问题的答案，并得到了张诚经理的肯定。张诚经理接着又交给柴真毅一个新任务，了解配送模式以及掌握配送的特点和适用范围。

☞ 任务准备

计算机、互联网

☞ 任务分工

岗位	岗位职责	主要内容	技能要求与基本素质	对应人员
岗前了解	无	了解配送模式的分类	了解各种配送模式的分类	柴真毅
岗前了解	无	掌握各种配送模式的特点及适用对象	掌握各种配送模式的特点及适用对象	柴真毅

☞ 任务资讯

在当今我国市场经济发展中，极其需要创建配送业务平台，支撑商品流转，满足生产和消费需要。但是，配送新理念在我国的传播相当短暂，由于社会缺乏对配送的支持和投入，到目前为止尚未形成集约化和规模化的配送体系。因此，配送业务始终处于低谷时期，而需要配送的企业就显得苍白无力，会在一定程度上造成资源的浪费。如国内一些相当规模的连锁超市，虽然建立了内部配送中心，并严格实行统一采购、统一进货及统一配送，各分销网点同时得到了满足。但从经济效益或利益角度分析，这是迫于一种无奈，最大潜能和效能远远没有发挥，始终充当“后勤兵”的角色。

社会化的中介型配送企业模式是一种独立经济模式，其实质是一种规模经营模式，按照我国巨大生产能力和消费能力，社会化中介配送和共同配送两者模式将是我国未来经济发展的开放的巨大平台，这也是我们配送业发展的方向和趋势。

☞ 任务操作

配送模式是企业对配送所采用的基本战略和方法。它是指构成配送运动的诸要素的组合形态及其运动的标准形式，是适应经济发展需要并根据配送对象的性质、特点及工艺流程而相对固定的配送规律。

步骤一：按配送的主体划分配送模式

1. 自营配送

自营配送模式是指企业物流配送的各个环节由企业自身筹建并组织管理，实现对企业内部及外部货物配送的模式，是目前生产流通或综合性企业（集团）所广泛采用的一种配送模式。企业（集团）通过独立组建配送中心，实现内部各部门、厂、店的物品供应的配送。这种配送模式因为揉合了传统的“自给自足”的“小农意识”，形成了新型的“大而全”、“小而多”，从而造成了社会资源浪费；但是这种配送模式有利于企业供应、生产和销售的一体化作业，系统化程度相对较高，既可满足企业内部原材料、半成品及成品的配送需要，又可满足企业对外进行市场拓展的需求。

较典型的企业（集团）内自营配送模式，就是连锁企业的配送。许多连锁公司或集团基本上都是通过组建自己的配送中心，来完成对内部各场、店的统一采购、统一配送和统一结算的。

图 1-10　配送到店

2. 共同配送

共同配送是物流配送企业之间为了提高配送效率以及实现配送合理化所建立的一种功能互补的配送联合体。是一种物流配送经营企业之间为实现整体配送合理化，以互惠互利为原则，互相提供便利的物流配送服务的协作型配送模式，也是电子商务发展到目前为止最优的物流配送模式，包括配送的共同化、物流资源利用共同化、物流设施设备利用共同化以及物流管理共同化。共同配送模式是合理化配送的有效措施之一，是企业保持优势常在的至关重要的课题，是企业的横向联合、集约协调、求同存异和效益共享，有利于发挥集团型竞争优势的一种现代管理方法。

3. 第三方配送

作为有着较新物流理念的产业正在逐步形成，在对企业的服务中逐步形成了一种战略关系。随着 JIT 管理方式的普及，无论是制造企业还是商业企业逐渐把配送业务交由相对独立的第三方进行管理。第三方配送企业根据采购方的小批量和多批次的要求，按照地域分布密集情况，决定供应方的取货顺序，并应用一系列的信息技术和物流技术，保证 JIT 取货和配货。跟其他配送模式不同，这种新型的物流配送模式主要有以下特点：

(1)拉动式(响应为基础)的经营模式；

(2)小批量、多批次取货；

(3)提高生产保障率，减少待料时间；

(4)减少中间仓储搬运环节，做到“门对门”的服务，节约仓储费用和人力、物力；

(5)产生最佳经济批量，从而降低运输成本；

(6)通过 GPS 全球定位系统及信息反馈系统，保证了 JIT 运输及运输安全。

步骤二：按配送商品种类和数量分类

1. 单(少)品种大批量配送

生产企业需要量较大的商品，单一品种或仅少数品种就可达到较大输送量，可实行整车运输。这种商品往往不需要再与其他商品搭配，可由专业性很强的配送中心实施配送。由于配送量大，可使车辆满载并使用大吨位车辆。在配送中心中，内部设置也不需太复杂，组织、计划等工作也较简单，因而配送成本较低。

图 1-11　上海某生鲜配送中心

2. 多品种少批量配送

多品种少批量配送是按用户要求，将所需的各种物品(每种需要量不大)配备齐全，凑整装车后由配送点送达用户。这种配送对配货作业的水平要求较高，配送中心设备较复杂，配送计划较困难，要有高水平的组织工作保证和配合。配送的特殊成效，主要反映在多品种少批量的配送中，这种方式也正切合现代"消费多样化"、"需求多样化"的新观念，是许多发达国家特别推崇的方式。

3. 配套(成套)配送

按照客户的要求，将其所需要的多种物资(成套产品)配备齐全后，直接运送到生产企业、建设工地或其他客户的一种配送形式。例如:汽车生产企业在生产汽车时，将其所需要的全部零件配齐，再按照生产要求在特定的时间送达指定的生产线上，使生产企业能够及时完成装配。这种方式强化了物流的服务功能，有利于生产企业实行"准时制"生产。

步骤三:按配送时间及数量分类

1. 定时配送方式

在规定的时间间隔进行物品配送，每次配送的品种和数量可按计划执行，也可按事先商定的联络方式下达配送通知，按用户要求的品种及数量和时间进行配送。例如:24 小时一次配送，48 小时一次配送等。这种配送方式在配货作业时往往具有一定的难度。例如:配套定时配送就是其中的一种形式，它可以使所服务的生产企业实现"零库存"的设想，达到多品种、少数量、准时配送的效果。

图 1－12　快递分拣中心

2. 定量配送方式

定量配送是指按客户规定的数量进行配送，但不严格确定时间，只要在一个指定的时间范围内配送物品。这种配送方式每次配送的品种、数量基本固定，备货作业也较为简单，可以按托盘、集装箱等方式或按车辆的装载能力规定配送的数量，这种配送方式的工作方式比较接近于干线批量运输，因此也相对比较简单。由于时间不严格限定，可以将不同用户所需物品凑整车后配送，运力利用也较好。

3. 定时定量配送方式

指按客户规定的时间、品种、数量进行配送作业，这种方式结合了定时配送和定量配送两种方式的特点，服务质量水平较高，同时也使配送组织工作难度加大，通常这种模式的配送终端客户相对比较稳定，因此配送路线的设定也相对比较固定，使用范围有限。

图 1－13　上海联华生鲜配送中心员工正在流通加工

4. 定时定路线配送

在确定运行路线上制定到达时间表，按运行时间表进行配送。用户可在规定路线站及规定时间接货，可按规定路线及时间表提出配送要求，进行合理选择。采用这种方式有利于计划安排车辆及驾驶人员。在配送用户较多的地区，也可免去过分复杂的配送要求造成的配送计划、组织工作、配货工作及车辆安排的困难。对用户来讲，既可在一定路线、一定时间进行选择，又可有计划安排接货力量，也有其便利性。但这种方式应用领域也是有限的，不是一种普遍采用的方式。

5. 即时配送

是指事先并不知道配送数量，也不知道配送时间及配送路线，而是完全按照用户要求时间、数量进行配送。这种方式是以某天的任务为目标，在充分掌握了这一天需求量及种类的前提下，即时安排最优的配送路线并安排相应的配送车辆实施配送。这种配送可以做到每天配送都能实现最优安排，因而是水平较高的配送方式。

步骤四:其他配送模式

1. 协同配送

协同配送就是把过去按不同货主、不同商品分别进行的配送，改为不区分货主和商品集中运货的“货物及配送的集约化”。也就是把货物都装入在同一条路线运行的车上，用同一台卡车为更多的顾客运货。协同配送的目的在于最大限度地提高人员、物资、金钱、时间等物流资源的效率(降低成本)，取得最大效益(提高服务)。还可以去除多余的交错运输，并取得缓解交通、保护环境等社会效益。

2. 流通加工配送

在配送中心进行必要的加工，这种加工就可使配送工作更主动、更完善。这种将流通加工和配送一体化，使加工更有针对性，配送服务更趋完善的形式称加工配送。

3. 直接配送

供应商直接将货品给客户(例如:大型超市、百货商场)，中间不经过配送中心。该模式适合单店独立性较强、销售规模较大的超市，如家乐福(Carrefour)、人人乐等;或者是对时效要求比较高的商品，例如:蔬菜、水果、肉类等生鲜商品。

4. 直通配送

直通配送指采购部门或门店向供应商订货，供应商将货送到配送中心(DC)，配送中心(DC)验收后不进行储存，立即分拨到门店。

☞ 任务评分

班级			姓名		小组		
任务名称	配送的基本方式						
考核内容		评价标准	参考分值(100)	学生自评	小组互评	教师评价	考核得分
职业素养情况	1	具有良好的沟通能力	5				
	2	具有信息搜集能力	5				
	3	在任务实施过程中具有较强的总结能力	10				
知识掌握情况	4	掌握配送模式基本概念	10				
	5	掌握各种配送模式的基本概念	5				
	6	熟悉各种配送模式的特点	10				
	7	掌握配送的适用情况	5				
能力提升情况	8	能够掌握分辨各种配送模式的能力	10				
	9	能够对现有配送模式进行分析	10				
	10	能够主动搜集所需信息，进行自主学习	10				
参与活动情况	11	积极参与任务实施	5				
	12	积极参与小组讨论	5				
	13	积极回答老师提问	10				
小计							
合计＝自评＊20%＋互评＊40%＋教师评＊40%							

操作练习作业

☞ 知识考核

一、单选题

1.（　　）模式是指企业物流配送的各个环节由企业自身筹建并组织管理，实现对企业内部及外部货物配送的模式。

A. 共同配送　　B. 自营配送　　C. 第三方配送　　D. 定时配送

2. 按照客户的要求，将其所需要的多种物资（成套产品）配备齐全后，直接运送到生产企业、建设工地或其他客户的一种配送形式，这是（　　）。

A. 供应配送　　B. 销售配送　　C. 配套（成套）配送　D. 第三方配送

3. 直接配送是指供应商直接将货品给客户（例如：大型超市、百货商场），中间不经过（　　）。

A. 运输中心　　B. 物流中心　　C. 中间商　　D. 配送中心

二、多选题

1. 配送模式是企业对配送所采用的基本（　　）。

A. 战略　　B. 措施　　C. 方式　　D. 方法

2. 按配送的主体划分配送模式有（　　）。

A. 配套配送　　B. 共同配送　　C. 自营配送　　D. 第三配送

3. 按配送商品种类和数量分类（　　）。

A. 少品种大批量　　B. 多品种少批量　　C. 配套配送　　D. 成套配送

三、判断题

1. 共同配送是物流配送企业之间为了提高配送效率以及实现配送合理化所建立的一种功能互补的配送联合体。（　　）

2. 直通配送指采购部门或门店向供应商订货，供应商将货送到客户，不经过配送中心的配送模式。（　　）

3. 定时定路线配送是指在确定运行路线上制定到达时间表，按运行时间表进行配送。（　　）

任务三　配送合理化

☞ 任务目的

1. 了解配送合理化的标志；
2. 熟悉配送不合理的表现形式；
3. 掌握配送合理化可采取的措施。

☞ 任务内容

怎样使得配送更加合理，这是提高客户满意度，降低配送成本，提高配送效益的关键。柴真毅非常想了解这方面的内容，于是，他又在网络上寻找相关的知识。

☞ 任务准备

计算机、互联网

☞ 任务分工

岗位	岗位职责	主要内容	技能要求与基本素质	对应人员
岗前了解	无	了解配送合理化的标志	了解配送合理化的标志	柴真毅
岗前了解	无	熟悉配送不合理的表现形式	熟悉配送不合理的表现形式	柴真毅
岗前了解	无	掌握配送的功能和作用	掌握配送的功能和作用	柴真毅

☞ 任务资讯

配送合理化有利于推行配送；有利于物流运动实现合理化；能完善运输和整个物流系统；并且能够提高物流的效益；通过集中库存是企业实现低库存或零库存，还为电子商务的发展提供了基础和支持。

在当前的物流配送服务中，越来越强调配送合理化的重要性，对于配送合理化与否的判断，是配送决策系统的重要内容。但是如何判断配送是否实现了合理化，目前还没有统一的标准。

☞ 任务操作

步骤一：配送合理化的判断标志

对于配送合理化的判断，目前国内外尚无一定的技术经济指标体系和判断方法，按一般认识，以下若干标志是应当纳入的。

1. 库存标志

库存是判断配送合理与否的重要标志。具体指标有以下两方面：

(1)库存总量。库存总量是在一个配送系统中，从分散于各个用户转移给配送中心，配送中心库存数量加上各用户在实行配送后库存量之和应低于实行配送前各用户库存量之和。此外，从各个用户角度判断，各用户在实行配送前后的库存量比较，也是判断合理与否的标准，某个用户上升而总量下降，也属于一种不合理的现象。库存总量是一个动态的量，上述比较应当是在一定经营量前提下。在用户生产有发展之后，库存总量的上升则反映了经营的发展，必须扣除这一因素，才能对总量是否下降做出正确判断。

(2)库存周转。由于配送企业的调剂作用，以低库存保持高的供应能力，库存周转一般总是快于原来各企业库存周转。此外，从各个用户角度进行判断，各用户在实行配送前后的库存周转比较，也是判断配送合理与否的标志。

为取得共同比较基准，以上库存标志，都以库存储备资金计算，而不以实际物资数量计算。

图1－14　别让库存成为负担

2. 资金标志

总的来讲，实行配送应有利于资金占用降低及资金运用的科学化。具体判断标志如下：

(1)资金总量。用于资源筹措所占用流动资金总量，随储备总量的下降及供应方式的改变必然有一个较大的降低。

(2)资金周转。从资金运用来讲，由于整个节奏加快，资金充分发挥作用，同样数量资金，过去需要较长时期才能满足一定供应要求，配送之后，在较短时期内就能达此目的。所以资金周转是否加快，是衡量配送合理与否的标志。

(3)资金投向的改变。资金分散投入还是集中投入，是资金调控能力的重要反映。实行配送后，奖金必然应当从分散投入改为集中投入，以增加调控作用。

3. 成本和效益标志

总效益、宏观效益、微观效益、资源筹措成本都是判断配送合理化的重要标志。对于不同的配送方式，可以有不同的判断侧重点，例如：配送企业、用户都是各自独立的以利润为中心的企业，则不但要看配送的总效益，而且还要看对社会的宏观效益及两个企业的微观效益，不顾及任何一方，都必然出现不合理。又例如：如果配送是由用户集团自己组织的，配送主要强调保证能力和服务性，那么，效益主要从总效益、宏观效益和用户集团企业的微观效益来判断，不必过多顾及配送企业的微观效益。

由于总效益及宏观效益难以计量，在实际判断时，常以按国家政策进行经营，完成国家税收及配送企业和用户的微观效益来判断。对于配送企业而言(投入确定了的情况下)，企业利润反映配送合理化程度。对于用户企业而言，在保证供应水平或提高供应水平(产出一定)前提下，供应成本的降低，反映了配送的合理化程度。成本及效益对合理化的衡量，还可以具体到储存、运输等具体配送环节，使判断更为精细。

4. 供应保证标志

实行配送，各用户的最大担心是害怕供应保证程度降低，这是个心态问题，也是承担风险的实际问题。配送的重要一点是必须提高而不是降低对用户的供应保证能力，才算实现了合理。供应保证能力可以从以下方面判断：

(1)缺货次数。实行配送后，对各用户来讲，该到货而未到货以致影响用户生产及经营的次数，必须下降才算合理。

图 1－15　缺货带来客户不满

(2)配送企业集中库存量。对每一个用户来讲，其数量所形成的保证供应能力高于配送前单个企业保证程度，从供应保证来看才算合理。

(3)即时配送的能力及速度。用户出现特殊情况的特殊供应，保障方这一能力必须高于未实行配送前用户紧急进货能力及速度才算合理。特别需要强调一点，配送企业的供应保障能力，是一个科学的合理的概念，而不是无限的概念。具体来讲，如果供应保障能力过高，超过了实际的需要，属于不合理。所以追求供应保障能力的合理化也是有限度的。

5. 社会运力节约标志

末端运输是目前运能、运力使用不合理，浪费较大的领域，因而人们寄希望于配送来解决这个问题。这也成了配送合理化的重要标志。

运力使用的合理化是依靠送货运力的规划和整个配送系统的合理流程及与社会运输系统合理衔接实现的。送货运力的规划是任何配送中心都需要花力气解决的问题，而其他问题有赖于配送及物流系统的合理化，判断起来比较复杂。可以简化判断如下：

(1)社会车辆总数减少，而承运量增加为合理；

(2)社会车辆空驶减少为合理；

(3)一家一户自提自运减少，社会化运输增加为合理。

6. 用户企业仓库、供应、进货人力物力节约标志

配送的重要观念是以配送代劳用户；因此，实行配送后，各用户库存量、仓库面积、仓库管理人员减少为合理；用于订货、接货、搞供应的人应减少才为合理。真正解除了用户的后顾之忧，配送的合理化程度则可以说是一个高水平了。

7. 物流合理化标志

配送必须有利于物流合理，这可以从以下几方面进行判断：

(1)是否降低了物流费用；
(2)是否减少了物流损失；
(3)是否加快了物流速度；
(4)是否发挥了各种物流方式的最优效果；
(5)是否有效衔接了干线运输和末端运输；
(6)是否不增加实际的物流中转次数；
(7)是否采用了先进的技术手段。

物流合理化的问题是配送要解决的大问题，也是衡量配送本身的重要标志。

步骤二:配送不合理化的表现形式

对于配送的决策优劣，很难有一个绝对的标准。例如:企业效益是配送的重要衡量标志，但是，在配送决策时常常考虑各种因素，有时要做赔本买卖。所以，配送的决策是全面、综合决策。在决策时要避免由于不合理配送所造成的损失，但有时某些不合理现象是伴生的，要追求大的合理，就可能派生小的不合理。所以，这里仅讨论不合理配送的表现形式。

1. 资源筹措的不合理

配送是利用较大批量的方式筹措资源。通过筹措资源的规模效益来降低资源筹措成本，使配送资源筹措成本低于用户自己筹措资源成本，从而取得优势。如果不是集中多个用户需要进行批量筹措资源，而仅仅是为某一两用户代购代筹，就不仅不能降低资源筹措费，相反却要多支付一笔配送中心的代筹代办费，因而是不合理的。资源筹措不合理还有其他表现形式，如配送量计划不准，资源筹措过多或过少，以及在资源筹措时不考虑建立与资源供应者之间长期稳定的供需关系等。

2. 库存决策不合理

配送应充分利用集中库存总量低于各用户分散库存总量，从而大大节约社会资源，同时降低用户实际平均分摊库存负担。因此，配送中心必须依靠科学管理来实现一个低总量库存，否则就会出现库存总量过度的不合理现象。配送企业库存决策不合理还表现在储存量不足，不能保证承受机需求，失去应有的市场。

3. 价格不合理

配送的价格应低于不实行配送时用户自己进货时成本总和，这样才会让用户有利可图。有时候，由于配送有较高服务水平，价格稍高，用户也是可以接受的，但这不能是普遍的原则。如果配送价格普遍高于用户自己进货价格，就是一种不合理表现。价格制定过低，使配送中心处于无利或亏损状态下运行，也是不合理的。

4. 配送与直达的决策不合理

一般的配送增加了环节，这个环节的增加可降低用户平均库存水平，不但抵消了增加环节支出，而且还能取得剩余效益。但是，如果用户使用的货物的批量大，则可以直接通过社会物流系统均衡批量进货，这比通过配送中转送货更节约费用。所以，在这种情况下，不直接进货而通过配送，就属于配送不合理。

5. 送货中不合理运输

配送与用户自提比较，尤其对于多个小用户来讲，可以集中配装一车送几家，这比一家一户自提，可大大节省运力和运费。如果不能利用这一优势，仍然是一户一送，而车辆达不到满载，就属于不合理运输。此外，不合理运输若干表现形式，如返程或起程空驶，对流运输、迂回运输、重复运输、倒流运输等，在配送中都可能出现，会使配送变得不合理。

6. 经营观念的不合理

在配送实施中，有许多是经营观念不合理，从而导致配送不合理。例如：配送中心利用配送手段向用户转嫁资金、库存困难；在库存过大时，强迫用户接货，以缓解自己库存压力；在资金紧张时，长期占用用户资金；在资源紧张时，将用户委托资源挪作他用获利等。

图 1－16　湖州市数家企业共同出资组建城市货物配送公司，此为启动仪式

步骤三：配送合理化可采取的措施

国内外推行配送合理化，有一些可供借鉴的办法，简介如下：

1. 推行一定综合程度的专业化配送

通过采用专业设备、设施及操作程序，取得较好的配送效果并降低配送过分综合化的复杂程度及难度，从而追求配送合理化。

2. 推行加工配送

通过加工和配送结合，充分利用本来应有的这次中转，而不增加新的中转求得配送合理化。同时，使加工借助于配送，加工目的更明确，和用户联系更紧密，更避免了盲目性。这两者有机地结合，使得投入不增加太多却可追求两个优势、两个效益，是配送合理化的重要经验。

3. 推行共同配送

通过共同配送，可以以最近的路程、最低的配送成本完成配送，从而追求合理化。

4. 实行送取结合

配送企业与用户建立稳定、密切的协作关系，配送企业不仅成了用户的供应代理人，而且承担用户储存据点，甚至成为产品代销人。在配送时，将用户所需的物资送到，再将该用户生产的产品用同一车运回，这种产品也成了配送中心的配送产品之一，或者作为代存代储，免去了生产企业库存包袱。这种送取结合，使运力充分利用，也使配送企业功能有更大的发挥，从而追求合理化。

5. 推行准时配送系统

准时配送是配送合理化的重要内容。配送做到了准时，用户才有资源把握，可以放心地实施低库存或零库存，可以有效地安排接货的人力、物力，以追求最高效率的工作。另外，保证供应能力，也取决于准时供应。从国外的经验看，准时供应配送系统是现在许多配送企业追求配送合理化的重要手段。

6. 推行即时配送

即时配送是最终解决用户企业担心断供之忧，大幅度提高供应保证能力的重要手段。即时配送是配送企业快速反应能力的具体化，是配送企业能力的体现。即时配送成本较高，但它是整个配送合理化的重要保证手段。此外，用户实行零库存，即时配送也是重要的手段保证。

☞ 任务评分

<table>
<tr><td colspan="2">班级</td><td></td><td>姓名</td><td></td><td>小组</td><td colspan="2"></td></tr>
<tr><td colspan="2">任务名称</td><td colspan="6">配送合理化</td></tr>
<tr><td colspan="2">考核内容</td><td>评价标准</td><td>参考分值（100）</td><td>学生自评</td><td>小组互评</td><td>教师评价</td><td>考核得分</td></tr>
<tr><td rowspan="3">职业素养情况</td><td>1</td><td>具有良好的沟通能力</td><td>5</td><td></td><td></td><td></td><td></td></tr>
<tr><td>2</td><td>具有信息搜集能力</td><td>5</td><td></td><td></td><td></td><td></td></tr>
<tr><td>3</td><td>在任务实施过程中具有较强的总结能力</td><td>10</td><td></td><td></td><td></td><td></td></tr>
<tr><td rowspan="4">知识掌握情况</td><td>4</td><td>了解合理化配送的概念</td><td>10</td><td></td><td></td><td></td><td></td></tr>
<tr><td>5</td><td>熟悉合理化配送的标志</td><td>5</td><td></td><td></td><td></td><td></td></tr>
<tr><td>6</td><td>了解不合理配送的表现形式</td><td>10</td><td></td><td></td><td></td><td></td></tr>
<tr><td>7</td><td>掌握采取合理化配送的措施</td><td>5</td><td></td><td></td><td></td><td></td></tr>
<tr><td rowspan="3">能力提升情况</td><td>8</td><td>能够分辨不合理化配送的表现形式</td><td>10</td><td></td><td></td><td></td><td></td></tr>
<tr><td>9</td><td>能够根据现有条件提出采取合理化配送的措施</td><td>10</td><td></td><td></td><td></td><td></td></tr>
<tr><td>10</td><td>能够主动搜集所需信息，进行自主学习</td><td>10</td><td></td><td></td><td></td><td></td></tr>
<tr><td rowspan="3">参与活动情况</td><td>11</td><td>积极参与任务实施</td><td>5</td><td></td><td></td><td></td><td></td></tr>
<tr><td>12</td><td>积极参与小组讨论</td><td>5</td><td></td><td></td><td></td><td></td></tr>
<tr><td>13</td><td>积极回答老师提问</td><td>10</td><td></td><td></td><td></td><td></td></tr>
<tr><td colspan="4">小计</td><td></td><td></td><td></td><td></td></tr>
<tr><td colspan="4">合计＝自评＊20%＋互评＊40%＋教师评＊40%</td><td colspan="4"></td></tr>
</table>

操作练习作业

☞ 知识考核

一、单选题

1. (　　)是判断配送合理与否的重要标志。

A. 速度　　B. 安全　　C. 库存　　D. 运输能力

2. 配送的价格应(　　)不实行配送时用户自己进货时成本总和。

A. 高于　　B. 等于　　C. 超过　　D. 低于

3. (　　)是现在许多配送企业追求配送合理化的重要手段。

A. 定量配送系统

B. 准时供应配送系统

C. 第三方配送系统

D. 共同配送系统

二、多选题

1. 配送合理化的库存判断标志有。(　　)

A. 库存总量

B. 库存订货量

C. 库存周转

D. 库存容量

2. 配送不合理化的表现形式。(　　)

A. 资源筹措的不合理

B. 库存决策不合理

C. 价格不合理

D. 配送与直达的决策不合理

3. 配送合理化可采取的措施。(　　)

A. 推行即时配送

B. 推行共同配送

C. 推行加工配送

D. 实行送取结合

三、判断题

1. 实行配送之后，库存总量下降，这说明配送方式是合理的。　(　　)

2. 对于配送的决策优劣，很难有一个绝对的标准。　(　　)

3. 通过第三方配送，可以以最近的路程、最低的配送成本完成配送，从而追求合理化。　(　　)

模块二 2

走进配送中心

▶学习要点

1. 掌握配送中心的概念；
2. 了解配送中心的分类；
3. 理解配送中心的组织结构。

▶案例导入

第二天，柴真毅来到公司上班。打卡之后，他来到张诚经理的办公室，准备接受张诚经理委派今天的学习任务。张诚经理知道柴真毅的来意，对他说："你对配送有了初步的了解，今天你就好好的了解一下配送中心以及组织结构。"

任务一 了解配送中心

☞任务目的

1. 掌握配送中心的概念；
2. 熟悉配送中心概念的理解；
3. 掌握配送中心与仓库、物流中心的区别；
4. 了解配送中心的功能。

☞任务内容

配送中心是配送工作的载体，也是配送业务中重要的节点，这一点柴真毅非常清楚。但是配送中心具体是怎样定义，他还不是非常清楚，回到自己的办公桌，打开电脑，开始查找相关资料。

☞任务准备

计算机、互联网

☞任务分工

岗位	岗位职责	主要内容	技能要求与基本素质	对应人员
岗前了解	无	了解配送中心的概念	了解配送的定义	柴真毅
岗前了解	无	掌握配送中心与仓库、物流中心的区别	掌握配送中心与仓库、物流中心的区别	柴真毅
岗前了解	无	掌握配送中心的功能	掌握配送的功能	柴真毅

☞任务资讯

配送是国际物流业普遍采用的一种服务形式，随着连锁经营的兴起，配送已经成为我国物流业发展的新增长点，也是今后相当一个时期发展的重点。作为现代流通组织形式，物流配送中心在我国发展迅速。国民经济的发展，人民群众的需求也更加多样化，这也需要尽快加强建设具有社会化、专业化、信息化功能的物流配送中心。

随着我国改革开放走向深入，国外大型物流企业进入我国市场的步伐加快，我国物流业面对的机遇与挑战愈来愈明显。近年来，许多大中城市都开始兴建物流配送中心，物流基础设施逐渐得到改善，整体物流技术水平也开始得到提高。特别是随着社会化配送中心的出现，配送中心将在结构上进行一次重组，专业化的配送中心成为一种发展趋势。

☞任务操作

步骤一:配送中心的定义

对于配送中心,从不同的角度可以有着不同的定义,给大家介绍几种常见的概念。

日本《市场用语词典》对配送中心的解释:"是一种物流结点,它不以贮藏仓库的这种单一的形式出现,而是发挥配送职能的流通仓库,也称作基地、据点或流通中心。配送中心的目的是降低运输成本、减少销售机会的损失,为此建立设施、设备并开展经营、管理工作。"

图 2-1　荷兰 TNT 公司配送中心

《物流手册》对于配送中心的定义:配送中心是从供应者手中接受多种大量的货物,进行倒装、分类、保管、流通加工和情报处理等作业,然后按照众多需求者的订货要求备齐货物,以令人满意的服务水平进行配送的设施。

《现代物流学》的定义是:"配送中心是从事货物配备(集货、加工、分货、拣选、配货)和组织对用户的送货,以高水平实现销售或供应的现代流通设施。"

我国标准物流术语中的定义是:配送中心(DC, Distribution Center)是从事配送业务的物流场所或组织,应基本符合下列要求:

1. 主要为特定的用户服务;
2. 配送功能健全;
3. 完善的信息网络;
4. 辐射范围小;
5. 多品种,小批量;
6. 以配送为主,储存为辅。

表 2－1　配送中心概念理解

概念	解释
主要为特定的用户服务	一般情况下，配送中心主要服务于某一类用户，或流通企业、或生产企业或者其他类型的特定用户。
配送功能健全	配送几乎包含了物流活动中的所有功能要素，比如储存、流通加工、包装、搬运、装卸、运送、信息处理等，是物流活动的一个综合表现。
完善的信息网络	配送活动需要有一个完善的信息系统和信息网络，如此才能保障配送活动有序的进行。
辐射范围小	配送中心辐射范围一般是在经济合理区域范围内。
多品种，小批量	指配送中心为满足客户的个性化、多样化、便利性的需求，而采取的配送措施和作业活动。
以配送为主，储存为辅	配送中心强调货品的流通性，储存仅仅作为辅助手段。

步骤二：配送中心的功能

1. 集散功能

货物由几个公司集中到配送中心里，再进行发运、或向几个公司发运。集散功能也可以将其他公司的货物放入该配送中心来处理、发运，以提高卡车的满载率，降低费用成本。

图 2－2　配送中心内部

2. 储存保管功能

储存，一是为了解决季节性货物生产计划与销售季节性的时间差问题。二是为了解决生产与消费之间的平衡问题，为保证正常配送的需要，满足用户的随机需求，在配送中心不仅应保持一定量的商品储备，而且要储存商品保管保养工作，以保证储备商品的数量，确保质量完好。

图2－3　宁波梅山保税港区保税物流配送中心效果图

3. 分货、拣货与配货功能

将集中的大量商品按用户的需要重新分拣、配齐后，送至用户。这是配送中心的主要功能之一，也是区别传统仓库的主要方面。

4. 流通加工功能

配送过程中，为解决生产中大批量、少规格和消费中的小批量、多样化要求的矛盾，按照用户对货物的不同要求对商品进行分装、配装等加工活动，这也是配送中心功能之一。

5. 送货功能

将配好的货物按到达地点或到达路线进行送货。运输车辆可以租用社会运输力量或自己的专业运输车队。

6. 物流信息、汇总及传递功能

它为管理者提出更加准确、及时的配送信息，也是用户与配送中心联系的渠道。

表2－2　配送中心与仓库、物流中心的区别

项目	配送中心	仓库	物流中心
服务对象	特定用户	特定用户	特定用户
主要功能	各项配送功能	物资保管	面向社会
经营特点	配送为主，储存为辅	库房管理	各项物流功能
配送品种	多品种	－－	品种少
配送批量	小批量	－－	大批量
辐射范围	小	小	大
保管空间	保管空间与其他功能各占一半	都保管空间	－－

☞ 任务评分

班级			姓名		小组		
任务名称		了解配送中心					
考核内容		评价标准	参考分值（100）	学生自评	小组互评	教师评价	考核得分
职业素养情况	1	具有良好的沟通能力	5				
	2	具有信息搜集能力	5				
	3	在任务实施过程中具有较强的总结能力	10				
知识掌握情况	4	熟悉配送中心的概念	10				
	5	了解配送中心的基本要求	5				
	6	掌握配送中心的功能	10				
	7	熟悉配送中心与仓库、物流中心的区别	5				
能力提升情况	8	能够从不同的角度理解配送中心的概念	10				
	9	能够理解配送中心的功能	10				
	10	能够主动搜集所需信息，进行自主学习	10				
参与活动情况	11	积极参与任务实施	5				
	12	积极参与小组讨论	5				
	13	积极回答老师提问	10				
小计							
合计 = 自评 * 20% + 互评 * 40% + 教师评 * 40%							

操作练习作业

☞ 知识考核

一、单选题

1. 配送中心是从事配送业务的物流场所或(　　)。

A. 单位　　B. 组织　　C. 企业　　D. 地点

2. 日本《市场用语词典》对配送中心的解释：”是一种(　　)，它不以贮藏仓库的这种单一的形式出现，而是发挥配送职能的流通仓库，也称作基地、据点或流通中心。

A. 物流中心　　B. 运输结点　　C. 物流结点　　D. 特殊仓库

3. 将集中的大量商品按(　　)重新分拣、配齐后，送至用户。这是配送中心的主要功能之一，也是区别传统仓库的主要方面。

A. 用户的需要　　B. 工作的要求　　C. 实际需要　　D. 服务规范

二、多选题

1. 配送中心应该基本符合下列(　　)要求。

A. 多品种，小批量

B. 辐射范围小

C. 主要为特定的用户服务

D. 配送功能健全

2. 配送中心的功能(　　)。

A. 送货功能

B. 流通加工功能

C. 集散功能

D. 分货、拣货与配货功能

3. 配送中心具有储存保管功能。储存为了解决(　　)。

A. 季节性货物生产计划与销售季节性的时间差问题

B. 生产与消费之间的平衡问题

C. 客户需求与生产之间的平衡问题

D. 供应与消费之间的时间差问题

三、判断题

1. 一般情况下，配送中心主要服务于某一类用户，或流通企业、或生产企业或者其他类型的特定用户。(　　)

2. 配送中心为满足客户的个性化、多样化、便利性的需求，而采取少品种、大批量。(　　)

3. 配送中心强调货品的流通性，储存仅仅作为辅助手段。(　　)

任务二　配送中心分类认知

☞ 任务目的

1. 了解自营配送模式、少品种大批量配送模式；
2. 熟悉共同配送、多品种少批量配送模式、配套(成套)配送模式；
3. 掌握第三方配送模式、协同配送、直接配送、直通配送模式。

☞ 任务内容

沃尔玛有自己的配送中心，家乐福有自己的配送中心，看来配送中心也有不同的类型。柴真毅想:我们公司的配送中心是属于什么类型的呢？好奇心驱使他继续查找答案。

☞ 任务准备

计算机、互联网

☞ 任务分工

岗位	岗位职责	主要内容	技能要求与基本素质	对应人员
岗前了解	无	了解各种配送模式的分类	了解各种配送模式的分类	柴真毅
岗前了解	无	掌握各种配送模式的特点及适用对象	掌握各种配送模式的特点及适用对象	柴真毅

☞ 任务资讯

在20世纪70年代的石油危机之后，为了挖掘物流过程中的经济潜力，物流过程开始细分。一些传统的流通仓库进行了全面更新和改造，完成了功能再造，把原属于生产企业的原材料供应、保管以及营销服务从生产领域剥离出来，使生产者专注于生产竞争能力的提高，营销者专注于营销服务竞争能力的完善和加强。配送中心就是适应这种新的经济环境，在仓库的不断进化和演变过程中所出现的一种创新的物流经济组织。

由此可见，配送中心的产生和发展不是偶然现象，而是生产和物流不断发展的必然结果。换句话说，配送中心的出现是物流运动系统化和规模化，物流功能优化的必然产物。

☞ 任务操作

物流配送模式是指构成配送活动的诸要素的组合形态以及其运动的标准形式，它是根据经济发展需要并根据配送对象的性质、特点、工艺流程而相对固定的配送规律。

步骤一:按职能分类

1. 供应配送中心

配送中心执行供应的职能，专门为某个或某些用户（例如连锁店、联合公司）组织供应的配送中心。例如：为大型连锁超级市场组织供应的配送中心；代替零件加工厂送货的零件配送中心，使零件加工厂对装配厂的供应合理化。供应型配送中心的主要特点是，配送的用户有限并且稳定，用户的配送要求范围也比较确定，属于企业型用户。因此，配送中心集中库存的品种比较固定，配送中心的进货渠道也比较稳固，同时，可以采用效率比较高的分货式工艺。

2. 销售配送中心

图 2－4　沃尔玛配送中心

配送中心执行销售的职能，以销售经营为目的，以配送为手段的配送中心。销售配送中心大体有三种类型：一种是生产企业为本身产品直接销售给消费者的配送中心，在国外，这种类型的配送中心很多；另一种是流通企业作为本身经营的一种方式，建立配送中心以扩大销售，我国现今拟建的配送中心大多属于这种类型，国外的例证也很多。第三种，是流通企业和生产企业联合的协作性配送中心。比较起来看，国外和我国的发展趋向，都向以销售配送中心为主的方向发展。

销售型配送中心的用户一般是不确定的，而且用户的数量很大，每一个用户购买的数量又较少，属于消费者型用户。这种配送中心很难像供应型配送中心一样，实行计划配送，计划性较差。

销售型配送中心集中库存的库存结构也比较复杂，一般采用拣选式配送工艺，销售型配送中心往往采用共同配送方法才能够取得比较好的经营效果。

步骤二：按配送范围分类

1. 城市配送中心

以城市范围为配送范围的配送中心，由于城市范围一般处于汽车运输的经济里程，这种配送中心可直接配送到最终用户，且采用汽车进行配送。所以，这种配送中心往往和零售经营相结合，由于运距短，反应能力强。因而从事多品种、少批量、多用户的配送较有优势。

《物流手册》中介绍的"仙台批发商共同配送中心"便是属于这种类型。我国已建的"北京食品配送中心"也属于这种类型。

2. 区域配送中心

以较强的辐射能力和库存准备，向省(州)际、全国乃至国际范围的用户配送的配送中心。这种配送中心配送规模较大，一般而言，用户也较大，配送批量也较大，而且，往往是配送给下一级的城市配送中心，也配送给营业所、商店、批发商和企业用户，虽然也从事零星的配送，但不是主体形式。这种类型的配送中心在国外十分普遍。

步骤三:按专业程度分类

1. 专业配送中心

专业配送中心大体上有两个含义，一是配送对象、配送技术是属于某一专业范畴，在某一专业范畴有一定的综合性，综合这一专业的多种物资进行配送，例如多数制造业的销售配送中心，我国现今在石家庄、上海等地建的配送中心大多采用这一形式；专业配送中心第二个含义是，以配送为专业化职能，基本不从事经营的服务型配送中心。

图 2－5　汇仁医药配送中心

2. 柔性配送中心

在某种程度上和第二种专业配送中心对立的配送中心，这种配送中心不向固定化、专业化方向发展，而向能随时变化，对用户要求有很强适应性，不固定供需关系，不断向发展配送用户和改变配送用户的方向发展。

3. 综合配送中心

具有综合功能，既可以完成专业化配送的需要，也能够适应非专业化的要求。

步骤四:按特性分类

1. 储存型配送中心

有很强储存功能的配送中心，一般来讲，在买方市场下，企业成品销售需要有较大库存支持，其配送中心可能有较强储存功能;在卖方市场下，企业原材料，零部件供应需要有较大库存支持，这种供应配送中心也有较强的储存功能。大范围配送的配送中心，需要有较大库存，也可能是储存型配送中心。

我国现今拟建的一些配送中心，都采用集中库存形式，库存量较大，多为储存型。

图 2－6　烟草配送中心

2. 流通型配送中心

基本上没有长期储存功能，仅以暂存或随进随出方式进行配货、送货的配送中心。这种配送中心的典型方式是，大量货物整进并按一定批量零出，采用大型分货机，进货时直接进入分货机传送带，分送到各用户货位或直接分送到配送汽车上，货物在配送中心里仅做少许停滞。日本的阪神配送中心，中心内只有暂存，大量储存则依靠一个大型补给仓库。

3. 加工配送中心

配送中心具有加工职能，根据用户的需要或者市场竞争的需要，对配送物进行加工之后进行配送的配送中心。在这种配送中心内，有分装、包装、初级加工、集中下料、组装产品等加工活动。许多材料都指出配送中心的加工职能，但是加工配送中心的实例，如今见到不多。我国上海市和其他城市已开展的配煤配送，配送点中进行了配煤加工，上海六家船厂联建的船板处理配送中心，原物资部北京剪板厂都属于这一类型的中心。

世界著名连锁服务店肯德基和麦当劳的配送中心，就是属于这种类型的配送中心。在工业、建筑领域，生混凝土搅拌的配送中心也是属于这种类型的配送中心。

☞ 任务评分

班级			姓名		小组		
任务名称		配送中心分类认知					
考核内容		评价标准	参考分值(100)	学生自评	小组互评	教师评价	考核得分
职业素养情况	1	具有良好的沟通能力	5				
	2	具有信息搜集能力	5				
	3	在任务实施过程中具有较强的总结能力	10				
知识掌握情况	4	了解物流配送模式的概念	10				
	5	熟悉各种配送中心的分类	5				
	6	掌握专业型配送中心的特点	10				
	7	掌握流通型配送中心的适用情况	5				
能力提升情况	8	能够分辨各种配送中心的类型	10				
	9	能够针对适用情况，提出建立合适的配送中心	10				
	10	能够主动搜集所需信息，进行自主学习	10				
参与活动情况	11	积极参与任务实施	5				
	12	积极参与小组讨论	5				
	13	积极回答老师提问	10				
小计							
合计 = 自评 * 20% + 互评 * 40% + 教师评 * 40%							

操作练习作业

☞ 知识考核

一、单选题

1. 物流配送模式是指构成配送活动的(　　)的组合形态以及其运动的标准形式。

A. 诸要求　　B. 诸功能　　C. 各组织　　D. 诸要素

2. (　　)以城市范围为配送范围的配送中心，由于城市范围一般处于汽车运输的经济里程。

A. 城市配送中心

B. 城区配送中心

C. 区域配送中心

D. 城郊配送中心

3. (　　)基本上没有长期储存功能，仅以暂存或随进随出方式进行配货、送货的配送中心。

A. 储存型配送中心

B. 流通型配送中心

C. 柔性配送中心

D. 专业配送中心

二、多选题

1. 配送中心按职能分类可分为(　　)。

A. 生产配送中心

B. 加工配送中心

C. 销售配送中心

D. 供应配送中心

2. 配送中心按配送范围分类(　　)。

A. 城市配送中心

B. 国际配送中心

C. 区域配送中心

D. 全国配送中心

3. 专业配送中心的含义是(　　)。

A. 配送技术是属于某一专业范畴

B. 以配送为专业化职能

C. 配送对象属于某一专业范畴

D. 配送能力属于某一专业范畴

三、判断题

1. 城市配送中心以较强的辐射能力和库存准备，向省(州)际、全国乃至国际范围的用户配送的配送中心。(　　)

2. 专业配送中心对用户要求有很强适应性，不固定供需关系，不断向发展配送用户和改变配送用户的方向发展。(　　)

3. 肯德基和麦当劳的配送中心，就是属于加工配送中心。(　　)

任务三　配送中心组织结构认知

☞ 任务目的

1. 了解组织结构的定义；
2. 熟悉各种组织结构的特点；
3. 掌握各种组织结构的优缺点及适用情况。

☞ 任务内容

柴真毅将自己今天找到对配送中心定义及分类向张诚经理进行了汇报，张诚经理非常满意。与此同时，张诚经理又对柴真毅提出了新的问题："配送中心也是一个组织，怎样把这个组织搭建起来？应该采取什么样的组织结构呢？"

☞ 任务准备

计算机、互联网

☞ 任务分工

岗位	岗位职责	主要内容	技能要求与基本素质	对应人员
岗前了解	无	了解配送模式的分类	了解各种配送模式的分类	柴真毅
岗前了解	无	掌握各种配送模式的特点及适用对象	掌握各种配送模式的特点及适用对象	柴真毅

☞ 任务资讯

组织结构是企业的流程运转、部门设置及职能规划等最基本的结构依据，常见的组织结构形式包括中央集权制、分权制、直线式以及矩阵式等。

组织结构（Organizational Structure）是指，对于工作任务如何进行分工、分组和协调合作。组织结构（organizational structure）是表明组织各部分排列顺序、空间位置、聚散状态、联系方式以及各要素之间相互关系的一种模式，是整个管理系统的"框架"。组织结构是组织的全体成员为实现组织目标，在管理工作中进行分工协作，在职务范围、责任、权利方面所形成的结构体系。组织结构是组织在职、责、权方面的动态结构体系，其本质是为实现组织战略目标而采取的一种分工协作体系，组织结构必须随着组织的重大战略调整而调整。

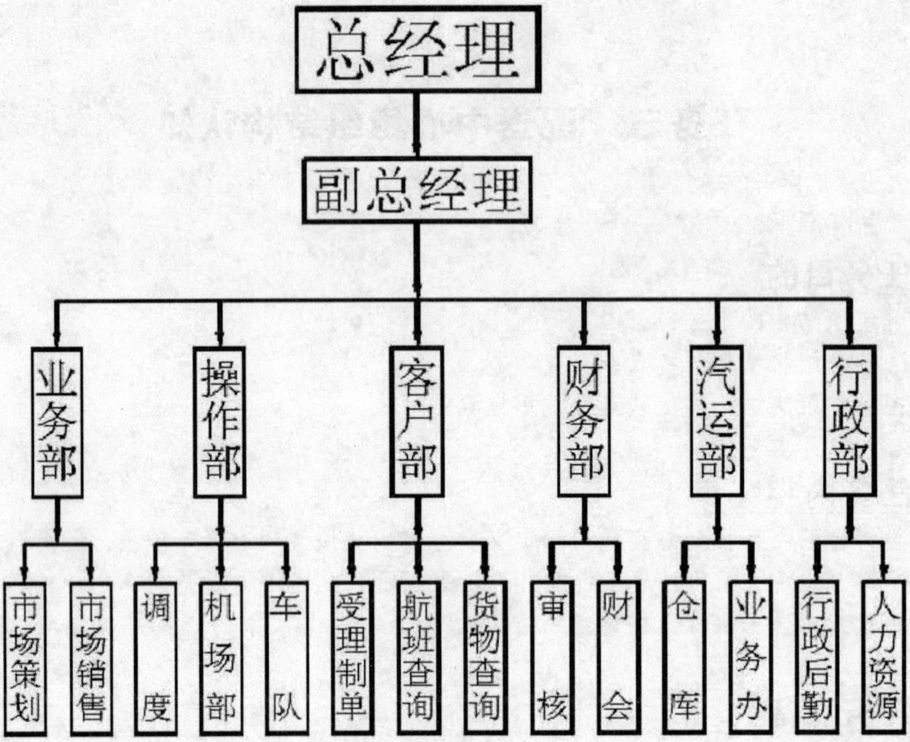

图2－7　成都某航空货运有限公司组织结构图

☞ 任务操作

步骤一:直线型

图2－8　直线型配送中心组织结构图

直线型组织结构:最简单和最基础的组织形式。它的特点是企业各级单位从上到下实行垂直领导，呈金字塔结构。直线型组织结构中下属部门只接受一个上级的指令，各级主管负责人对所属单位的一切问题负责。企业不另设职能机构(可设职能人员协助主管负责人工作)，一切管理职能基本上都由行政主管自己执行。

直线制组织结构的优点是:结构比较简单，责任分明，命令统一。

缺点是：它要求行政负责人通晓多种知识和技能，亲自处理各种业务。这在业务比较复杂、企业规模比较大的情况下，把所有管理职能都集中到最高主管一人身上，显然是难以胜任的。因此，直线制只适用于规模较小，生产技术比较简单的企业，对生产技术和经营管理比较复杂的企业并不适宜。

步骤二：职能型

职能型组织结构亦称U型组织，又称为多线性组织结构。职能制结构起源于20世纪初法约尔在其经营的煤矿公司担任总经理时所建立的组织结构形式，故又称“法约尔模型”。它是按职能来组织部门分工，即从企业高层到基层，均把承担相同职能的管理业务及其人员组合在一起，设置相应的管理部门和管理职务。

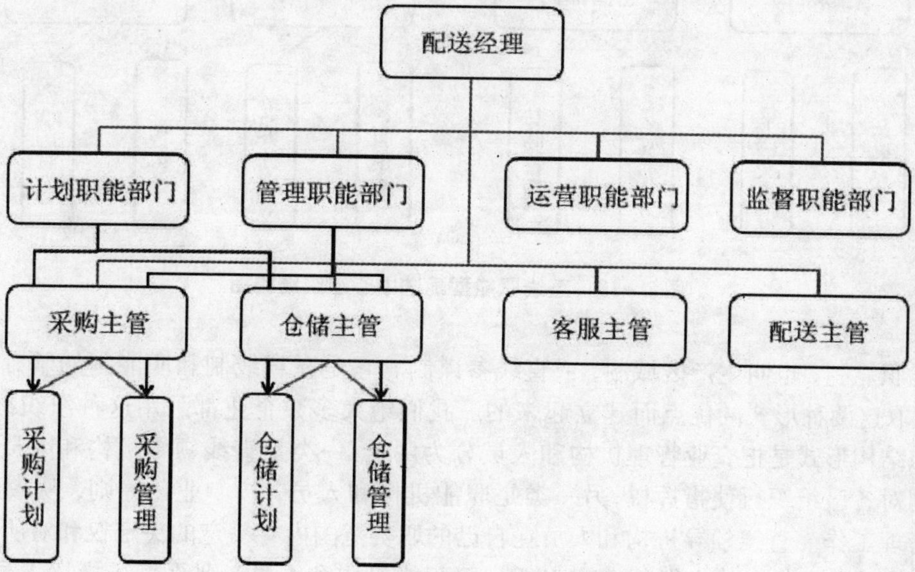

图2－9　职能型配送中心组织结构图

职能制组织结构，是各级行政单位除主管负责人外，还相应地设立一些职能机构。如在下面设立职能机构和人员，协助厂长从事职能管理工作。这种结构要求行政主管把相应的管理职责和权力交给相关的职能机构，各职能机构就有权在自己业务范围内向下级行政单位发号施令。因此，下级行政负责人除了接受上级行政主管人指挥外，还必须接受上级各职能机构的领导。

职能制的优点是能适应现代化工业企业生产技术比较复杂，管理工作比较精细的特点；能充分发挥职能机构的专业管理作用，减轻直线领导人员的工作负担。但缺点也很明显：它妨碍了必要的集中领导和统一指挥，形成了多头领导；不利于建立和健全各级行政负责人和职能科室的责任制，在中间管理层往往会出现有功大家抢，有过大家推的现象；另外，在上级行政领导和职能机构的指导和命令发生矛盾时，下级就无所适从，影响工作的正常进行，容易造成纪律松弛，生产管理秩序混乱。由于这种组织结构形式的明显的缺陷，现代企业一般都不采用职能制。

步骤三：直线职能型

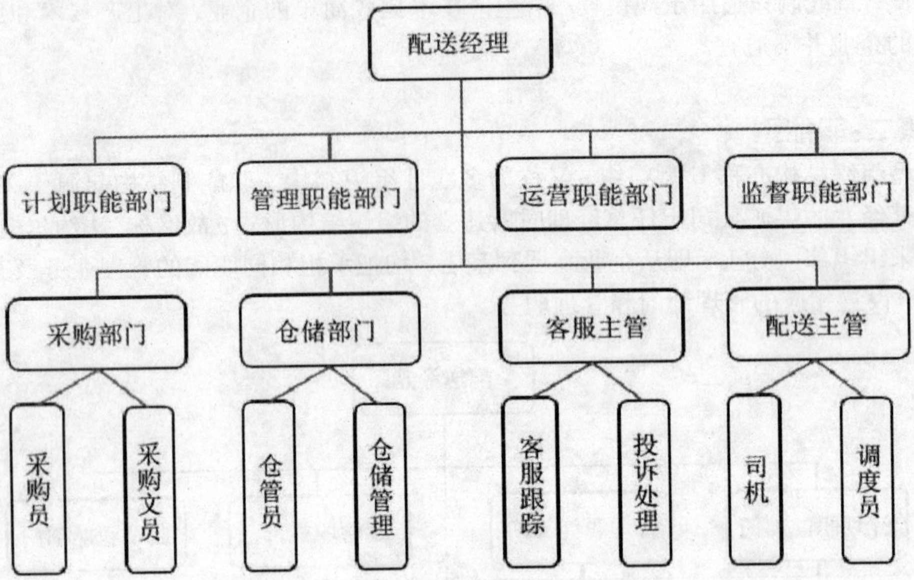

图 2－10　直线职能型配送中心组织结构图

直线职能制，也叫生产区域制，或直线参谋制。它是在直线制和职能制的基础上，取长补短，吸取这两种形式的优点而建立起来的。我们绝大多数企业都采用这种组织结构形式。这种组织结构形式是把企业管理机构和人员分为两类：一类是直线领导机构和人员，按命令统一原则对各级组织行使指挥权；另一类是职能机构和人员，按专业化原则，从事组织的各项职能管理工作。直线领导机构和人员在自己的职责范围内有一定的决定权和对所属下级的指挥权，并对自己部门的工作负全部责任。而职能机构和人员，则是直线指挥人员的参谋，不能对直接部门发号施令，只能进行业务指导。

直线职能制的优点是：既保证了企业管理体系的集中统一，又可以在各级行政负责人的领导下，充分发挥各专业管理机构的作用。其缺点是：职能部门之间的协作和配合性较差，职能部门的许多工作要直接向上层领导报告请示才能处理，这一方面加重了上层领导的工作负担；另一方面也造成办事效率低。为了克服这些缺点，可以设立各种综合委员会，或建立各种会议制度，以协调各方面的工作，起到沟通作用，帮助高层领导出谋划策。

步骤四：事业部型

事业部制最早是由美国通用汽车公司总裁斯隆于1924年提出的，故有“斯隆模型”之称，也叫“联邦分权化”，是一种高度（层）集权下的分权管理体制。它适用于规模庞大，品种繁多，技术复杂的大型企业，是国外较大的联合公司所采用的一种组织形式，近几年中国一些大型企业集团或公司也引进了这种组织结构形式。

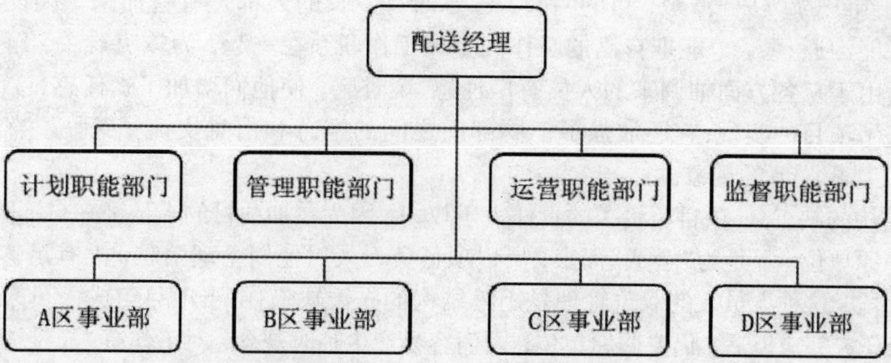

图2－11　直线职能型配送中心组织结构图

事业部制是分级管理、分级核算、自负盈亏的一种形式，即一个公司按地区或按产品类别分成若干个事业部，从产品的设计，原料采购，成本核算，产品制造，一直到产品销售，均由事业部及所属工厂负责，实行单独核算，独立经营，公司总部只保留人事决策，预算控制和监督大权，并通过利润等指标对事业部进行控制。也有的事业部只负责指挥和组织生产，不负责采购和销售，实行生产和供销分立，但这种事业部正在被产品事业部所取代。还有的事业部则按区域来划分。

步骤五：矩阵型

在组织结构上，把既有按职能划分的垂直领导系统，又有按产品（项目）划分的横向领导关系的结构，称为矩阵组织结构。

矩阵制组织是为了改进直线职能制横向联系差，缺乏弹性的缺点而形成的一种组织形式。它的特点表现在围绕某项专门任务成立跨职能部门的专门机构上，例如：组成一个专门的产品、服务（项目）小组去从事新客户开发工作，在采购、仓储、配送、客服各个不同阶段，由有关部门派人参加，力图做到条块结合，以协调有关部门的活动，保证任务的完成。

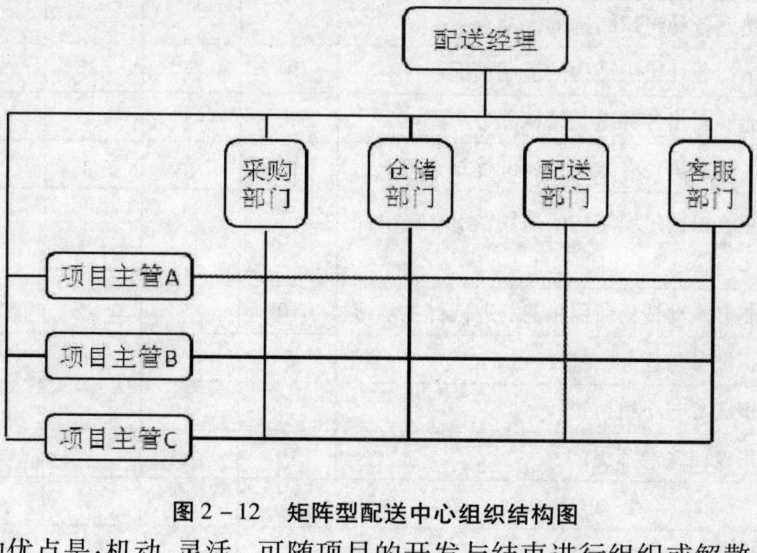

图2－12　矩阵型配送中心组织结构图

矩阵结构的优点是：机动、灵活，可随项目的开发与结束进行组织或解散；由于这种结构是根据项目组织的，任务清楚，目的明确，各方面有专长的人都是有备而来。因此在新的工作小组里，能沟通、融合，能把自己的工作同整体工作联系在一起，为攻克难关，解决问题而献计献策，由于从各方面抽调来的人员有信任感、荣誉感，使他们增加了责任感，激发了工作热情，促进了项目的实现；它还加强了不同部门之间的配合和信息交流，克服了直线职能结构中各部门互相脱节的现象。

矩阵结构的缺点是：项目负责人的责任大于权力，因为参加项目的人员都来自不同部门，隶属关系仍在原单位，只是为“会战”而来，所以项目负责人对他们管理困难，没有足够的激励手段与惩治手段，这种人员上的双重管理是矩阵结构的先天缺陷；由于项目组成人员来自各个职能部门，当任务完成以后，仍要回原单位，因而容易产生临时观念，对工作有一定影响。

矩阵结构适用于一些重大攻关项目。企业可用来完成涉及面广的、临时性的、复杂的重大工程项目或管理改革任务。

☞ 任务评分

班级		姓名		小组			
任务名称		配送中心组织结构认知					
考核内容		评价标准	参考分值（100）	学生自评	小组互评	教师评价	考核得分
职业素养情况	1	具有良好的沟通能力	5				
	2	具有信息搜集能力	5				
	3	在任务实施过程中具有较强的总结能力	10				
知识掌握情况	4	了解组织结构的概念	10				
	5	熟悉各种组织结构的优缺点	5				
	6	掌握各种组织结构的适用情况	10				
	7	能够画出各种组织结构图	5				
能力提升情况	8	能够分辨现有组织结构的优缺点	10				
	9	能够根据组织结构的适用情况，提出优化措施	10				
	10	能够主动搜集所需信息，进行自主学习	10				
参与活动情况	11	积极参与任务实施	5				
	12	积极参与小组讨论	5				
	13	积极回答老师提问	10				
小计							
合计＝自评＊20%＋互评＊40%＋教师评＊40%							

操作练习作业

☞ 知识考核

一、单选题

1. 直线型组织结构:最简单和最基础的组织形式。它的特点是企业各级单位从上到下实行垂直领导，呈(　　)。

A. 倒金字塔结构　　B. 金字塔结构　　C. 橄榄型结构　　D. 网络型结构

2. 职能制结构起源于20世纪初(　　)在其经营的煤矿公司担任总经理时所建立的组织结构形式。

A. 梅奥　　B. 泰罗　　C. 法约尔　　D. 彼得·德鲁克

3. (　　)最早是由美国通用汽车公司总裁斯隆于1924年提出的，故有“斯隆模型”之称，也叫“联邦分权化”。

A. 矩阵制　　B. 事业部制　　C. 直线制　　D. 职能制

二、多选题

1. 常见的组织结构形式包括(　　)。

A. 中央集权制　　B. 分权制　　C. 直线式　　D. 矩阵式

2. 直线制组织结构的优点是(　　)。

A. 结构比较简单　　B. 责任分明　　C. 命令统一　　D. 管理工作精细

3. 矩阵结构的优点是(　　)。

A. 机动　　B. 灵活　　C. 目的明确　　D. 任务清楚

三、判断题

1. 直线型组织结构缺点是它要求行政负责人通晓多种知识和技能，亲自处理各种业务。(　　)

2. 直线职能制的优点是既保证了企业管理体系的集中统一，又可以在各级行政负责人的领导下，充分发挥各专业管理机构的作用。(　　)

3. 矩阵制是分级管理 、分级核算、自负盈亏的一种形式。(　　)

4. 直线职能型结构适用于一些重大攻关项目。企业可用来完成涉及面广的、临时性的、复杂的重大工程项目或管理改革任务。(　　)

模块三 3

订单处理作业

▶学习要点

1. 了解订单的概念；
2. 熟悉订单的作用；
3. 订单的形态及处理方式；
4. 掌握订单处理作业流程。

▶案例导入

2015 年 1 月 4 日，配送中心收到客户沃尔玛公司 A 店和 B 店的订单，要求 2015 年 1 月 5 日上午 9:30 之前为其配送货品。张诚经理决定把这两张订单的处理工作交给柴真毅完成，并说明如果有不明白的地方可以咨询信息员刘晓红。

任务一　认识订单

☞任务目的

1. 了解订单的概念；
2. 熟悉订单的作用；
3. 订单的形态及处理方式。

☞任务内容

柴真毅拿着订单，找到了刘晓红，刘晓红说："现在还不急着处理这两张订单，你先去了解一下什么是订单处理，订单的作用是什么。"柴真毅心中暗想，你直接告诉我不就完了嘛？还搞这么复杂。刘晓红好像是看出了他的心思，接着说："知识只有经过自己努力得来，才能够记得牢靠。"柴真毅心中不禁羞愧，回到办公室打开电脑，寻找有关订单的相关知识。

☞任务准备

计算机、互联网

☞任务分工

岗位	岗位职责	主要内容	技能要求与基本素质	对应人员
岗前了解	无	了解处理订单的概念	了解处理订单的概念	柴真毅
岗前了解	无	熟悉订单作用	熟悉订单作用	柴真毅
岗前了解	无	掌握订单形态及处理方式	能够根据订单的形态分类并处理	柴真毅

☞任务资讯

物流是以信息流为中枢，安排物资和资金的流动。因此，配送的第一步就是信息流的处理，只有接收到信息流的安排，物资才能发生移动。订单处理是整个配送中心信息流的第一个关口，主要工作包括：接受订货、订单确认、制定订单号码、建立客户档案、存货查询及依订单分配存货、计算拣取的标准时间、依订单排定出货和拣货程序、分配后存货不足的处理、订单资料处理输出。

订单处理可以人工或资料处理设备来完成，其中，人工处理较具有弹性，但只适合少量的订单，一旦订单数量稍多，处理即将变得缓慢且容易出错。而电脑化处理，能提供较大速率及较低的成本，适合大量的订单处理。

☞任务操作

步骤一:订单处理的含义

订单处理(Order processing):有关客户和订单的资料确认、存货查询和单证处理等活动。见《中华人民共和国国家标准物流术语》(GB/T 22126 - 2008)。详细指从接到客户订货开始到准备着手拣货为止的作业阶段,对客户订单进行品项数量、交货日期、客户信用度、订单金额、加工包装、订单号码、客户档案、配送货方法和订单资料输出等一系列的技术工作。

配送中心的订单处理模式通常为订单准备、订单传递、订单登陆、按订单供货、订单处理状态跟踪,如图 3-1 所示。

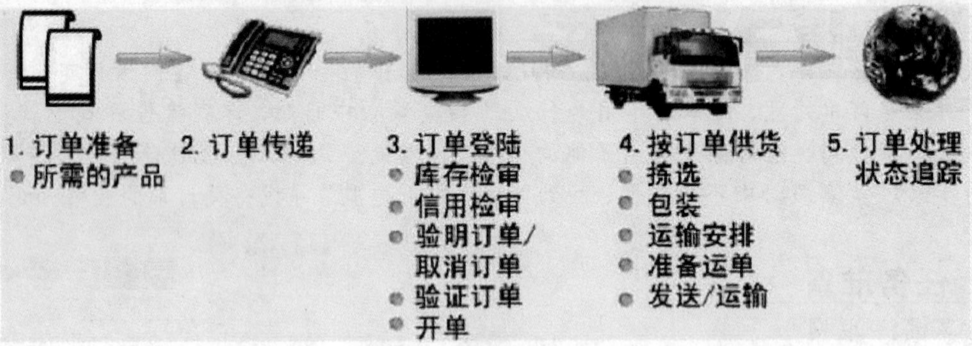

图 3-1 订单处理模式

步骤二:订单的作用

订单处理是实现企业顾客服务目标最重要的影响因素。改善订单处理过程,缩短订单处理周期,提高订单满足率和供货的准确率,提供订单处理全程跟踪信息,可以大大提高顾客服务水平与顾客满意度,同时也能降低库存水平,在提高顾客服务水平的同时降低物流总成本,使企业获得竞争优势。

配送中心与其他经济实体一样,具有明确的经营目标和服务对象。在配送中心规划建设与开展配送活动之前,必须根据订单信息,对顾客分布、商品特性及品种数量、送货频率等进行分析,以确定所要配送货物的种类、规格、数量和配送时间等。因此,订单是配送中心开展配送业务的依据,订单处理则是配送中心组织、调度的前提,是其他各项作业的基础,同时又贯穿配送业务的始终,是关键的核心业务。

订单处理既是配送中心作业的开端,也是整个信息流作业的起点。订单处理不仅把上下游企业紧密地联系在一起,而且处理输出的各种信息指导着配送中心内部的采购管理、库存管理和储存、拣货、分类集中、流通加工、配货核查、出库配装、送货及货物的交接等各项作业有序高效地展开,实现配送服务的"7R"要求。

注:配送服务中的 7R 是指:适当数量(right quantity)、适当产品(right product)、适当的时间(right time)、适当的地点(right place)、适当的条件(right condition)、适当的用户(right customer)和适当的成本(right cost)交付给客户。

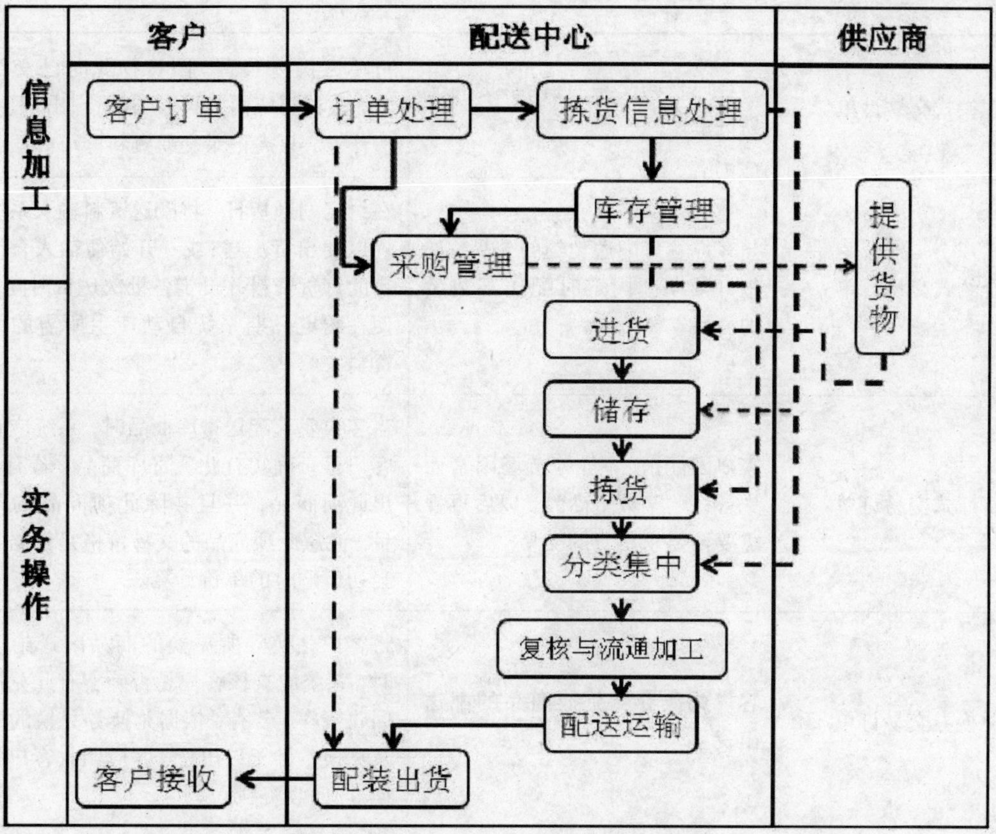

图 3－2　订单处理在配送流程中的作用

步骤三:订单的形态及处理方式

不同的订单交易型态有不同的订货处理方式，因而接单后必须再对客户订单或订单上的订货品项加以确认其交易型态，以便让系统针对不同型态的订单提供不同的处理功能，例如:提供不同的输入画面或不同的检核、查询功能，不同的储存档案等等。

表 3－1　订单交易形态与处理方式

订单类别	含义	具体处理方法
一般交易订单（常见订单）	接单后按正常的作业程序拣货、出货、发送、收款的订单。	接单后，将资料输入订单处理系统，按正常的订单处理程序处理，资料处理完后进行拣货、出货、发送、收款等作业。
间接交易订单	客户向配送中心订货，直接由供应商配送给客户的交易订单。	接单后，将客户的出货资料传给供应商由其代配。此方式需注意的是客户的送货单是自行制作或委托供应商制作的，应对出货资料加以核对确认。

续表

现销式交易订单	与客户当场交易、直接给货的交易订单。	订单资料输入后，因货物此时已交给客户，故订单资料不再参与拣货、出货、发送等作业，只需记录交易资料即可。
合约式交易订单	与客户签订配送契约的交易，如签订某期间内定时配送某数量的商品。	在约定的送货日，将配送资料输入系统处理以便出货配送；或一开始便输入合约内容的订货资料并设定各批次送货时间，以便在约定日期系统自动产生所需的订单资料。
寄库式交易订单	客户因促销、降价等市场因素而先行订购某数量商品，以后再视需要再要求出货的交易。	当客户要求配送寄库商品时，系统应查核客户是否确实有此项寄库商品，若有，则出此项商品，并且扣除此项商品的寄库量。注意此项商品的交易价格是依据客户当初订购时的单价计算。
兑换券交易订单	客户兑换券所兑换商品的配送出货。	将客户兑换券所兑换的商品配送给客户时，系统应查核客户是否确实有此兑换券回收资料，若有，依据兑换券兑换的商品及兑换条件予以出货，并应回收客户的兑换券、回收资料。

☞ 任务评分

班级			姓名		小组		
任务名称		认识订单					
考核内容		评价标准	参考分值（100）	学生自评	小组互评	教师评价	考核得分
职业素养情况	1	具有良好的沟通能力	5				
	2	具有信息搜集能力	5				
	3	在任务实施过程中具有较强的总结能力	10				
知识掌握情况	4	了解订单处理的概念	10				
	5	熟悉订单处理模式	5				
	6	掌握订单处理的作用	10				
	7	掌握订单交易形态与处理方式	5				

续表

能力提升情况	8	能够按照订单处理模式处理订单	10				
	9	能够根据订单处理形态，选择合适的处理方式	10				
	10	能够主动搜集所需信息，进行自主学习	10				
参与活动情况	11	积极参与任务实施	5				
	12	积极参与小组讨论	5				
	13	积极回答老师提问	10				
小计							
合计 = 自评 * 20% + 互评 * 40% + 教师评 * 40%							

操作练习作业

☞ 知识考核

一、单选题

1. 订单处理(Order processing)：有关客户和订单的资料确认、存货查询和(　　)等活动。

A. 单证处理　　B. 信息处理　　C. 数据处理　　D. 资讯处理

2. 订单处理是实现企业顾客(　　)最重要的影响因素。

A. 工作任务　　B. 提升价值　　C. 主要需求　　D. 服务目标

3. (　　)是指客户向配送中心订货，直接由供应商配送给客户的交易订单。

A. 一般交易订单

B. 间接交易订单

C. 合约式交易订单

D. 寄库式交易订单

二、多选题

1. 配送中心的订单处理模式通常为(　　)。

A. 订单准备　　B. 订单传递　　C. 订单登陆　　D. 按订单供货

2. 订单处理则是配送中心(　　)的前提，是其它各项作业的基础，同时又贯穿配送业务的始终，是关键的核心业务。

A. 组织　　B. 管理　　C. 控制　　D. 调度

3. 订单交易形态有(　　)。

A. 兑换券交易订单

B. 寄库式交易订单

C. 现销式交易订单

D. 合约式交易订单

三、判断题

1. 人工处理较具有弹性，但只适合少量的订单，一旦订单数量稍多处理即将变得缓慢且容易出错。 （ ）

2. 订单处理贯穿配送业务的始终，是关键的基本业务。 （ ）

3. 寄库式交易订单客户因促销、降价等市场因素而先行订购某数量商品，以后再视需要再要求出货的交易。 （ ）

任务二 订单处理作业流程

☞ 任务目的

1. 完成订单信息的核对；
2. 熟悉正确的处理订单方法；
3. 能够独立完成订单处理作业流程。

☞ 任务内容

桂林市九州通物流有限公司配送中心接到客户沃尔玛公司A店和B店的订单，配送中心各客户店面名称及所需货品如表3－2、表3－3。

表3－2 订货单

单号：
客户名称：沃尔玛公司A店 地址：
联系人： 联系电话：

序号	商品编号	商品名称	包装单位	规格	数量
1	K61025	康师傅天然水	箱	550ml＊24	10
2	K32587	康师傅红烧牛肉面	箱	103g＊24	8

表3－3 订货单

单号：
客户名称：沃尔玛公司B店 地址：
联系人： 联系电话：

序号	商品编号	商品名称	包装单位	规格	数量
1	K61025	可比克薯片	箱	60g＊12	6
2	K32587	伊利QQ星儿童成长牛奶	箱	125g＊20	10

1. 2015年1月4日上午9:00接到沃尔玛公司A店订单，要求2015年1月5日上午9:30之前为其配送订单中所有货品。

2. 2015年1月4日上午9:10接到沃尔玛公司B店订单，要求2015年1月5日上午9:30之前为其配送订单中所有货品。

☞ 任务准备

计算机、互联网

☞ 任务分工

岗位	岗位职责	主要内容	技能要求与基本素质	对应人员
单证信息员	独立完成订单处理	接收客户订单并处理；制作、打印订单处理的相关文件；将准备好的文件准确、及时传达给相关人员。	理解客户订单的含义与重点、能够独立完成表单的制作；具有较强的沟通能力，熟悉办公软件的应用。	柴真毅

☞ 任务资讯

接收订单分为两种：

1. 传统订货方式

传统订货方式主要有业务员跑单接单、厂商补货、厂商巡视隔日送货、电话口头订货、传真订货、邮寄订单、客户自行取货七种方式。这种订货方式成本较低，是大众化的订货方式。

表3-4　传统订货方式

方式	操作
厂商补货	供应商直接将商品放在车上，一家家去送货，缺多少补多少。此种方式对于周转率较快的商品或新上市商品较常使用。
厂商巡货、隔日送货	供应商派巡货人员前一天先至各客户处寻查需补充之货品，隔天再予以补货的方式。此方法厂商可利用巡货人员为店面整理货架、贴标或提供经营管理意见、市场信息等，亦可促销新品或将自己的商品放在最占优势的货架上。此种方式的缺点是厂商可能会将巡货人员的成本加入商品的进价中，而且厂商乱塞货将造成零售商难以管理、分析自己所卖之商品。
电话口头订货	订货人员将商品名称及数量，以电话口述向厂商订货。但因客户每天订货的品项可能达数十项，而且这些商品常常由不同的供应商供货，因此利用电话订货所费时间太长，且错误率高。

续表

传真订货	客户将缺货资料整理成书面资料，利用传真机传给厂商。利用传真机虽可快速的传送订货资料，但其传送资料品质不良常增加事后确认作业。
邮寄订单	客户将订货表单或订货资料邮寄给供应商。但时效性令人不能满意，而且也可能会存在丢失的可能。
客户自行取货	客户自行到供应商处看货、补货，此种方式多为以往传统杂货店因地域近所采用。客户自行取货虽可省却物流中心配送作业，但个别取货可能影响物流作业的连贯性。
业务员跑单接单	业务员至各客户处推销产品，而后将订单带回或紧急时以电话先联络公司通知客户订单。

不管利用何种方式订货，上述这些订货方式皆需人工输入资料而且经常重复输入、传票重复誊写，并且在输入输出间常造成时间耽误及产生错误，这些都是无谓的浪费。尤其现今客户更趋向于多品种、小批量、高频度的订货，且要求快速、准确配送，传统订货方式已无法应付客户的需求，这使得新的订货方式——电子订货应运而生。

2. 电子订货方式

电子订货，顾名思义即由电子传递方式，取代传统人工书写、输入、传送的订货方式，即将订货资料转为电子资料方式，再由通信网络传送进行订货。电子订货是一种比较先进的订货方式，可以达到信息的及时、无衔接的沟通。大型企业和配送中心联网后，由电子订货系统统一管理，就可以实现电子订货。电子订货方式主要有订货簿与终端机配合、销售时点信息系统、订货应用系统三种方式。

表 3－5　　电子订货方式

订货簿或货架标签配合手持终端（H. T－Handy Terminal）及扫描器	POS（Point of Sale）销售时点管理系统	电子订货系统
订货人员携带订货簿及 H. T 巡视货架，若发现商品缺货则用扫描器扫描订货簿或货架上的商品标签，再输入订货数量，当所有订货资料皆输入完毕后，利用计算机网络将订货资料传给供应商或总公司。	客户可在商品库存档里设定安全存量，每当销售一笔商品资料时，电脑自动扣除该商品库存，当库存低于安全存量时，即自动产生订货资料，将此订货资料确认后即可通过计算机网络传给总公司或供应商。也有客户将每日的 POS 资料传给总公司，总公司将 POS 销售资料与库存资料比对后，根据采购计划向供应商下单。	电子订货系统是指不同组织间利用通信网络和终端设备进行订货作业与订货信息交换的系统。客户信息系统里若有订单处理系统，可将应用系统产生的订货资料，经由转换软件功能转成与供应商约定的共通格式，在约定时间里将资料传送出去。

图 3－3　手持终端

一般而言，通过计算机网络直接联系的方式最快也最准确，而藉邮寄、电话或销售员携回的方式较慢。由于订单传递时间是订货前置时间内的一个因素，其可经由存货水准的调整来影响客户服务及存货成本，因而传递速度快、可靠性及正确性高的订单处理方式，不仅可大幅提升客户服务水准，对于存货相关的成本费用亦能有效地缩减。

☞ 任务操作

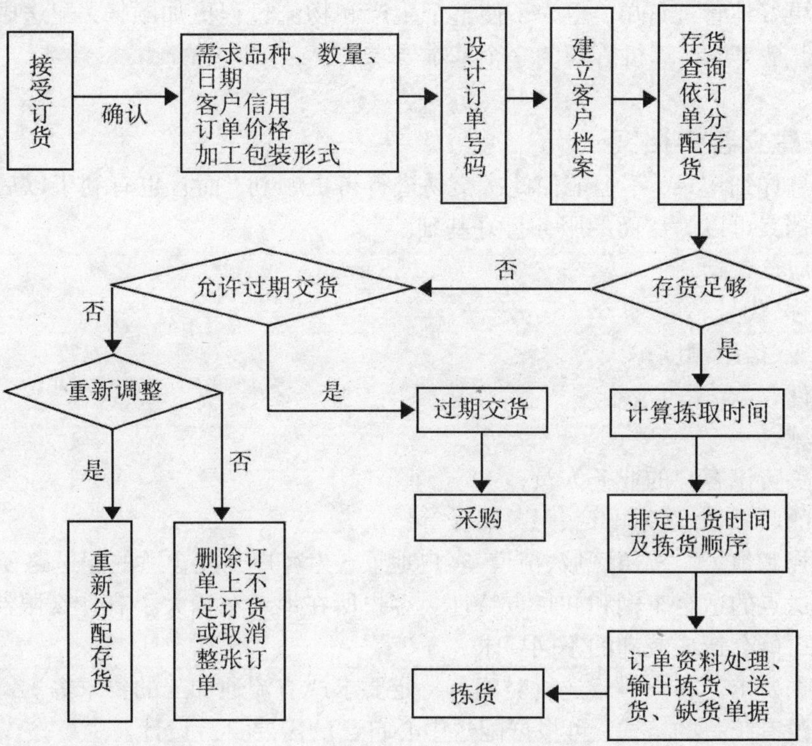

图 3－4　订单处理的步骤

步骤一：接受订货

接单是订单处理作业的第一步骤，配送中心接受客户订货的方式主要有传统订货方式和电子订货方式两种方式。随着科技的发展，接受客户订货的方式也逐渐由人工方式转向电子订货方式。

步骤二：订单确认

订货信息到达以后，配送中心的单证信息员就要做订单确认，主要确认内容包括：

1. 订货数量及到货日期：订货数量和到货日期是非常重要的，配送中心要检查库存是否有客户需要的货物品种和数量，以及是否有能力在规定的日期完成配送。

2. 客户的信用：一般情况下，配送中心都是先送货，然后按月结算货款，那么客户的信用就显得尤为重要。配送中心可以把客户按照信用程度分成三个等级，等级最好的客户可以优先配送。

3. 订单形式：常见的订单形式有手工订单和电子订单两种。

4. 订货价格：订货价格是买卖双方都非常关心的内容。

5. 加工内容：加工内容和包装条件也是需要确认的内容。

如果以上内容都符合配送中心的要求，信息就会向后依次传递，完成配货；如果不符合配送中心的要求，信息在这个环节就被拦截住。

步骤三：制定订单号码

为了能够更好地管理订单，也为了使整个生产和物流过程更加顺畅，配送中心要对订单进行编码，这也是实现计算机管理的一个基本要求。

步骤四：建立客户档案

将客户信息详细记录，不但能使此次交易进行得更顺利，而且也有利于以后增加合作机会。建立客户档案可以为后面的服务打好基础。

客户档案应该包括：

1. 客户名称、代号、等级；

2. 信用等级、信用额度；

3. 付款条件；

4. 配送区域；

5. 开发或负责该客户的业务人员；

6. 该客户的联系人、联系电话、财务账号等；

7. 配送路径和地址。按照区域、街道、客户地址，为客户分配合适的配送路径；

8. 客户配送点的适合车辆和卸货点特性。客户所在地对车辆大小有什么限制，建筑物本身或周围特点可能会造成装卸的不同要求；

9. 客户配送要求。客户对于送货时间有特定要求或有流通加工的要求等。

客户档案没有统一的格式，可根据配送中心自己的需要自行设计。

表3-6　　客户档案表

客户名称：	客户编号：
地址：	
法人代表：	联系电话：
联系人：	联系电话：
财务账号：	财务联系电话：
开发人员：	负责人员：
送货地址：	
送货车辆类型：	
客户配送点卸货特性：	
客户配送要求：	
客户信用等级：	客户授信额度：
客户付款方式：	折扣率条件：

步骤五：存货查询及依订单分配存货

1. 存货查询

存货查询目的是要确认是否有库存能够满足客户订单的要求。就是要检查库存状况，包括是否有货、能否满足顾客的订货条件等。若缺货则应该了解货品的订货周期，是否已经采购或入库等信息，以便接单人员与客户协调是否改订其他替代品，或是允许延后交货，以提高订单处理效率。

2. 订单分配模式

订单的信息输入信息系统，确认无误后，最主要的处理作业在于如何将大量的订货资料进行最有效的汇总分类、调拨库存，以便后续的物流作业能够有效地进行。

订单分配的模式有两种：

（1）单一订单分配，就是把收到的订单及时下发到物流管理部，物流管理部可以在第一时间看到相应信息并开始工作，这样做的好处是及时性强。

（2）批次订单分配，就是把收到的订单按不同时间段集成一批，统一下发到物流管理部，如在10:00时，把收到的全部订单下发到物流部。这样做的好处是能够集中工段，提高效率。

对于大客户，一般采取单一订单分配的方式；对于普通客户，或者订单的货品是常规性质的，就应该采取批次订单分配的方式。如何处理好订单分批，则需要注意一些原则和方法。

表3－7　　订单批次分配的处理原则和方法

批次划分原则	处理方法
按接单时序划分	将整个接单时段划分成几个区段，若一天有多个配送批次，可配合配送批次，将订单按接单先后分为几个批次处理。
按配送区域或路径划分	将同一配送区域或配送路径的订单汇总后，一起处理。
按流通加工需求划分	将需要进行流通加工，或需要进行相同流通加工的订单汇总处理。
按车辆需求划分	按照配送车辆类型或客户所在地具有卸货特性合并处理。

3. 分配原则

如果按照批次分配选定参与分配订单后，某商品的出货量大于可分配的库存量时，可以按照四个原则决定配送的优先性：

(1)有特殊优先权的客户优先发货。如前一次已经承诺交货的订单;紧急需求订单。

(2)根据订单交易量或者交易额判断。交易量大的优先发货;对公司贡献度较大的订单优先配送。

(3)根据客户等级来安排。根据客户对公司的重要性来安排。

(4)根据客户的信用情况判断。信用度好的客户优先配送。

步骤六:排定拣货顺序与计算拣货时间

拣货顺序的确定影响拣货的效率。拣货顺序可根据仓储货位的状况及货物存放的位置来确定。

计算拣取物品的标准时间可以分为三步:

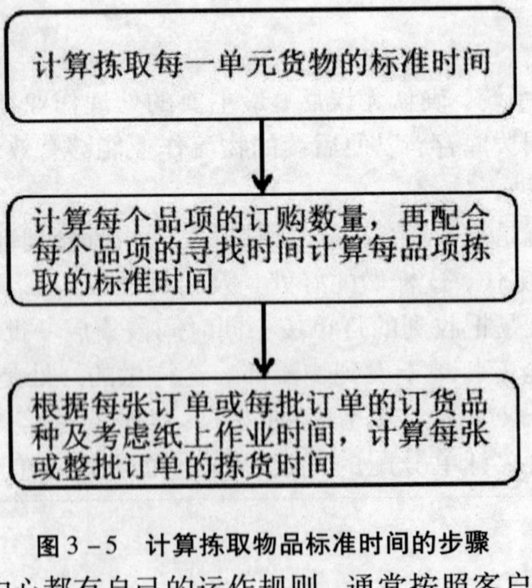

图3－5　计算拣取物品标准时间的步骤

一般而言，每个配送中心都有自己的运作规则，通常按照客户的分类、工作量的大小、拣取标准时间或者内部工作负荷来排定出货时间及拣货先后顺序。

步骤七:存货不足处理

如果现有存货数量无法满足客户的需求，客户又不愿以替代品替代，订单处理就应该按照客户的意愿与公司的政策来决定处理方式。

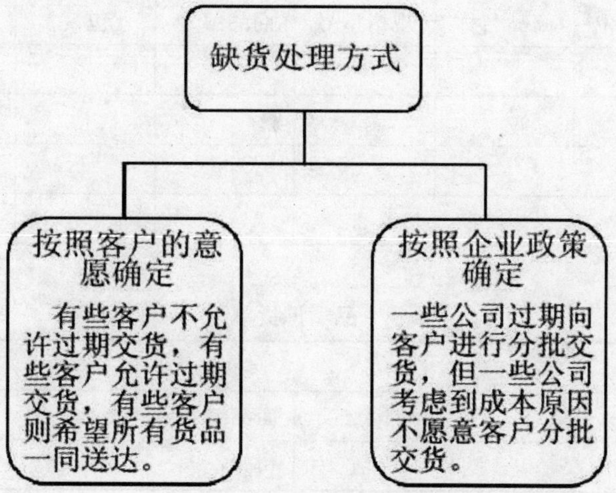

图3-6　缺货处理方式

表3-8　缺货处理方式

重新调拨	客户不愿意过期交货，公司也不愿意失去该订单，则考虑从其他公司调拨物品。
补交货品	客户允许过期交货，公司也允许，则可采取补交货品方式处理。
删除不足订单	客户允许过期交货，但公司不愿意分批出货，则考虑删除不足额订单。 客户不允许过期交货，公司无法调拨，则删除不足额订单。
延迟交货	有时限延迟交货:在客户允许的一段时间内过期交货。 无时限延迟交货:无论需要多长时间，客户都允许延迟交货，则安排所有货品到齐后，一起配送。
取消订单	客户不允许过期交货，也不接受不足额订单，公司无法重新调拨时，则取消整张订单。

步骤八:订单资料处理输出

订单处理完后需要将数据传递给下一道工序(如仓储部)，以便其依据数据进行作业，这就需要打印物流作业单据。常见的物流作业单据有拣货单(出库单)、送货单、缺货资料等。其中，缺货资料是以后采购部门进行采购、补货部门进行补货、调货部门进行调货的依据。

表3-9　客户拣货单

客户订单号:	拣货单号:
客户名称:	地址:
出货日期:	出库区货位:
拣货时间:	拣货人:
复核时间:	复核人:

续表

序号	拣货储位	商品名称	规格型号	商品编号	包装	数量	备注
1							
2							
3							
4							

表 3－10　　品项拣货单

拣货单号：						
商品名称：				商品编号：		
规格型号：				包装：		
储位号：				数量：		
拣货时间：				拣货人：		
复核时间：				复核人：		
序号	订单号	客户名称	单位	数量	出库区货位	备注
1						
2						
3						
4						

表 3－11　　分货单

分货单号：						
商品名称：				规格型号：		
商品编号：				包装单位：		
储位号：				数量：		
分货时间：				分货人：		
复核时间：				复核人：		
序号	订单号	客户名称	包装	数量	出库区货位	备注
1						
2						
3						
4						

表 3－12　送货单

收货单位				送货人员			
送货地点				送货时间			
序号	货物名称	规格型号	单位	数量	单价	总额	备注
1							
2							
3							
4							
收货人(盖章)：				日期：			

☞ 任务评分

班级			姓名		小组			
任务名称		订单处理作业流程						
考核内容		评价标准	参考分值(100)	学生自评	小组互评	教师评价	考核得分	
职业素养情况	1	具有良好的沟通能力	5					
	2	具有信息搜集能力	5					
	3	在任务实施过程中具有较强的总结能力	10					
知识掌握情况	4	了解订单处理的概念	10					
	5	熟悉订单处理模式	5					
	6	掌握订单处理的作用	10					
	7	掌握订单交易形态与处理方式	5					
能力提升情况	8	能够按照订单处理模式处理订单	10					
	9	能够根据订单处理形态，选择合适的处理方式	10					
	10	能够主动搜集所需信息，进行自主学习	10					
参与活动情况	11	积极参与任务实施	5					
	12	积极参与小组讨论	5					
	13	积极回答老师提问	10					
小计								
合计＝自评＊20%＋互评＊40%＋教师评＊40%								

操作习题作业

☞ 模拟案例

2015 年 1 月 8 日 8:30 分，配送中心收到客户沃尔玛公司通过 E－mail 发来的订单，要求 2015 年 1 月 9 日上午 9:30 之前，将货品配送至桂林市中山北路 1 号的北门店。柴真毅需要独立完成本次订单处理作业。客户订单如下表：

表 3－13 订货单

单号:201501090025

客户名称:沃尔玛公司北门店　　地址:桂林市中山北路 1 号

联 系 人:王明　　联系电话:0773－6257343

序号	商品编号	商品名称	包装单位	规格	数量
1	K61025	康师傅天然水	箱	550ml * 24	7
2	K32587	康师傅红烧牛肉面	箱	103g * 24	9
3	K61025	可比克薯片	箱	60g * 12	10
4	K32587	伊利 QQ 星儿童成长牛奶	箱	125g * 20	12

柴真毅查询了库存情况，库存明细表如下：

表 3－14 库存明细表

序号	储位号	商品编号	商品名称	包装单位	规格	数量
1	A0012	K61025	康师傅天然水	箱	550ml * 24	7
2	A0025	K32587	康师傅红烧牛肉面	箱	103g * 24	9
3	A0036	K61025	可比克薯片	箱	60g * 12	10
4	B0017	K32587	伊利 QQ 星儿童成长牛奶	箱	125g * 20	10
		……				
		……				

(1) 该客户对于公司来说比较重要，且不接受过期交货，则应该如何处理？调拨货品最少需要 6 小时完成，则柴真毅至少在何时发出调拨单？

(2) 该客户可以接受过期交货，则应该如何处理？

请按照案例要求，做模拟准备，完成订单处理练习。

☞ 知识考核

一、单选题

1.(　　)目的是要确认是否有库存能够满足客户订单的要求。

A. 订单确认　　B. 编制订单号　　C. 存货查询　　D. 分配存货

2.(　　)将整个接单时段划分成几个区段，若一天有多个配送批次，可配合配送批次，将订单按接单先后分为几个批次处理。

A. 按接单时序划分

B. 按配送区域或路径划分

C. 按流通加工需求划分

D. 按车辆需求划分

3. 客户允许过期交货，公司也允许，则可采取(　　)方式处理。

A. 取消订单　　B. 调拨货品　　C. 删除不足订单　　D. 补交货品

二、多选题

1. 配送中心接受客户订货的方式主要有(　　)两种方式。

A. 传真订货方式

B. 传统订货方式

C. 电子订货方式

D. 业务员跑单方式

2. 配送中心的单证信息员就要做订单确认，主要确认内容包括(　　)。

A. 客户的信用　　B. 订货价格　　C. 订单形式　　D. 订货数量

3. 常见的物流作业单据有(　　)等。

A. 送货单　　B. 拣货单　　C. 工资单　　D. 缺货资料

三、判断题

1. 缺货资料是以后采购部门进行采购、补货部门进行补货、调货部门进行调货的依据。(　　)

2. 按车辆需求划分，就是将同一配送区域或配送路径的订单汇总后，一起处理。(　　)

3. 如果现有存货数量无法满足客户的需求，客户又不愿以替代品替代，订单处理就应该按照客户的意愿与公司的政策来决定处理方式。(　　)

模块四 4
进货作业

▶学习要点

1. 了解进货作业流程；
2. 掌握进货作业准备工作内容；
3. 掌握进货作业内容；
4. 掌握进货操作作业内容；
5. 进货作业过程中遇到问题的处理办法。

▶案例导入

2015 年 2 月 26 日上午 8:30，柴真毅打开电脑，进入配送中心管理系统，发现有雀巢醇品速溶咖啡、优乐美奶茶(巧克力)已经降到安全库存以下，系统已经自动产生采购单，并向供应商大瑞商贸公司发出。大瑞商贸公司回复消息，计划 2015 年 2 月 27 日上午 9:00 将商品送到配送中心，请配送中心做好进货的准备工作。于是柴真毅将该情况报告给张诚经理。张诚经理对柴真毅说："你来公司也有一段时间了，这一次的进货工作就交给你吧。"

进货作业是指对物品实体上的接收，从货车上将物品卸下，并核对该物品的数量及状态（数量检验、品质检验、技术检验、开箱检查等），然后将必要信息书面化等。它是配送的基础环节，又是决定配送成败与否、规模大小的基础环节。同时，它也是决定配送效益高低的关键环节。

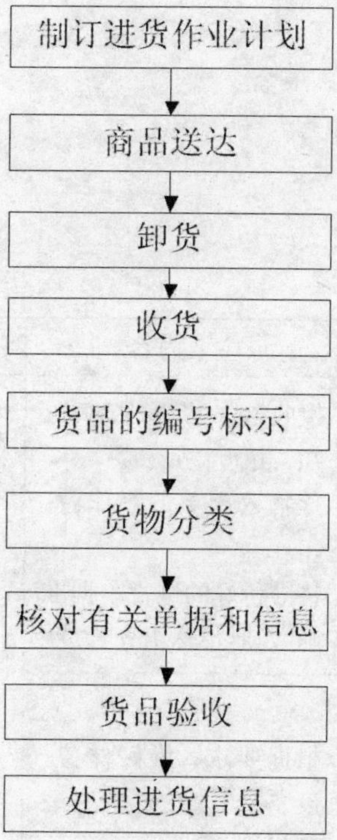

图4－1　进货作业流程图

任务一　进货作业准备工作

☞ 任务目的

1. 了解进货作业的准备工作内容；
2. 掌握设备准备的内容；
3. 熟悉人员准备的内容；
4. 掌握文件准备的内容。

☞ 任务内容

对于进货作业，柴真毅还不是十分了解，虽然看配送中心的员工干起来井井有条，但自己毕竟是大姑娘上花轿——头一回。于是，柴真毅找到了刘晓红，请教怎样完成一次进货工作。刘晓红告诉柴真毅："首先，你要知道进货作业计划，然后去做准备工作。至于应该做什么样的准备工作，你得请教柳如龙了。”

于是，柴真毅找到了配送中心资深员工柳如龙，请教怎样完成一次进货作业的准备工作。柳如龙告诉柴真毅：“要完成一次进货作业，得先把准备工作搞好，这包括储位准备、设备准备、人员准备、文件准备四个内容。具体的内容嘛，我得慢慢跟你说。”

☞ 任务准备

模拟九州通物流公司配送中心，准备：

货架、各种设备、单据、文件。

☞ 任务分工

本任务人员岗位分工为：

岗位	岗位职责	主要内容	技能要求与基本素质	对应人员
单证信息员	负责货物进货信息的录入和打印； 负责信息的报送，确保信息的准确性、及时性。	接收客户货物入库通知，并审核； 货物入库单的制作、打印； 将准备好的进货单据准确、及时传达给仓管员。	理解单据的含义与重点、能够独立完成表单的制作； 具有较强的沟通能力，熟悉办公软件的应用。	刘晓红
仓管员	做好入库准备。	根据要求，做好储位、设备、人员、文件的准备工作。	了解各种货物的性质，合理组织货物接收准备； 具有较强的协调能力、沟通能力。	柴真毅

☞ 任务资讯

所谓进货作业是指从货车上把货物卸下、开箱，检查其数量、质量，然后将必要的信息进行书面化的记载。商品进货作业是后续作业的基础和前提，进货工作的质量直接影响到后续作业的质量。

需要安排的进货计划如下表：

表 4－1　　进货作业计划

供应商：大瑞商贸公司　　送达时间：2015 年 2 月 27 日上午 9：00

序号	商品编号	商品名称	规格	包装	数量	预计使用储位
1	K21026	雀巢醇品速溶咖啡	200g＊24 罐	箱	100	3 个
2	K21039	喜之郎优乐美巧克力奶茶	24 杯	箱	120	4 个

☞ 任务操作

仓管员柴真毅根据进货作业计划，进行如下准备工作：

步骤一：储位准备

预计到货货品的特性、体积、质量、数量和到货时间等信息，结合物品分区、分类和货位管理的要求，预先确定储位。储位准备的一些注意事项：

(1)周转率高的物品尽量放在接近入、出货区及货架低层；

(2)周转率低的物品应放置在远离入、出货区的储位，并尽量放在较高的货架上；

(3)性质相似的货品放在相邻位置；

(4)依照货品的特性来存放货品。

步骤二：设备准备

根据物品情况和配送中心管理制度，确定验收方法，准备验收所需要的计件、检斤、测试、开箱、装箱、丈量、移动照明等器具。同时要根据到货物品的特性、货位、设备条件、人员等情况，科学合理地制定卸车搬运工艺，备好相关作业设备，安排好卸货站台或场地，保证装卸搬运作业顺利完成。

1. 检验设备

(1)条码识读设备

它使用一个光学装置将条码的条空信息转换成电子信息，再由专用译码器翻译成相应的数据信息。一般不需要驱动程序，接上后可直接使用，如同键盘一样，如SGM－6802型识读设备，需要驱动的如SGM－200条码识别设备。条码扫描设备从原理上可分为光笔、CCD和激光三类，从形式上有手持式和固定式两种。

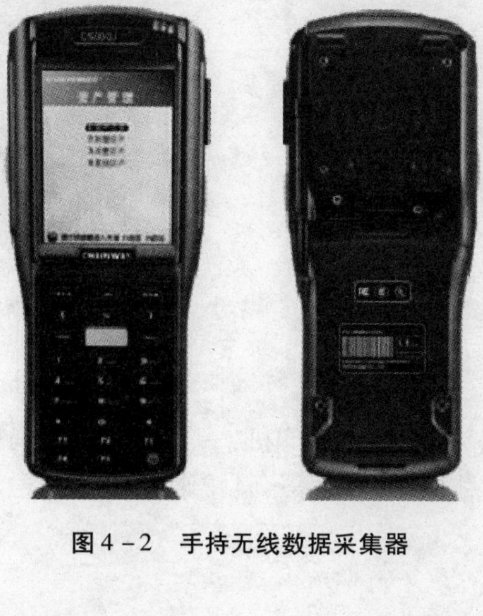

图4－2　手持无线数据采集器

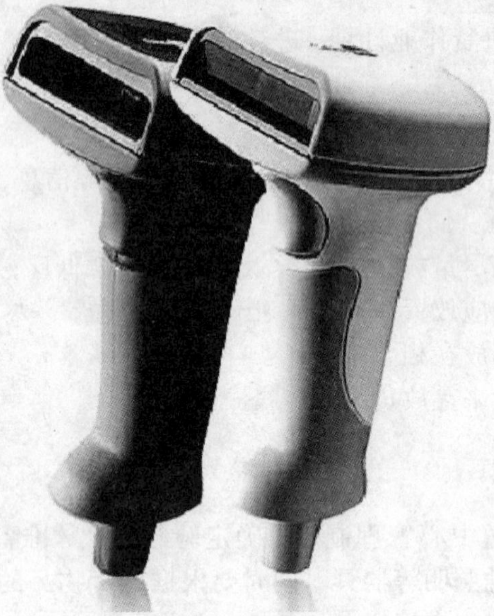

图4－3　CCD扫描器

图4－4　全向激光扫描器图

图4－5　便携式数据采集器

(2)条码打印设备

条码打印机分为两类，一种是通用打印机，一种是专用条码打印机。一般配送中心选用的都是专用条码打印机，优点是打印质量好、打印速度快。

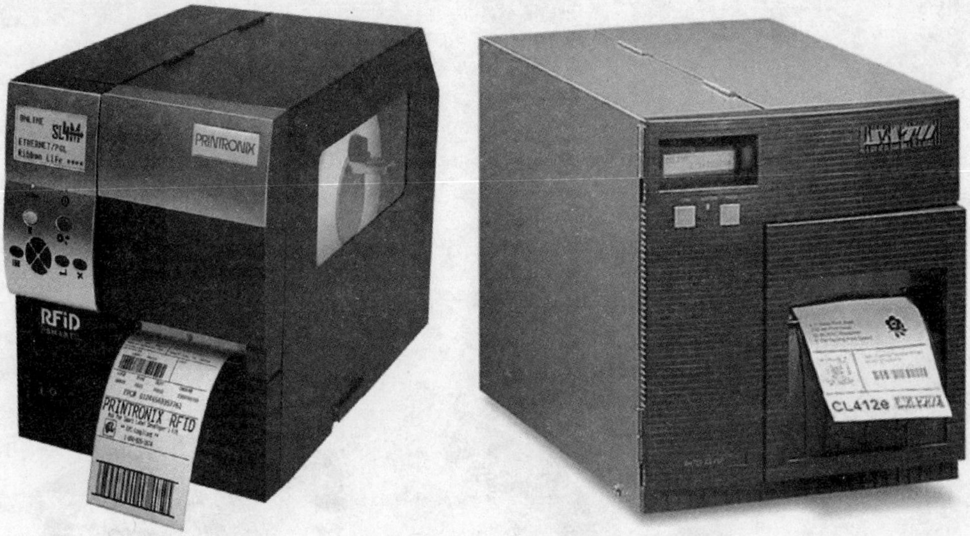

图4－6　条码打印机

2. 计量设备

计量设备是利用机械原理或电测原理对物品的重量、长度、数量、容积等量值进行度量的器材、仪器的总称。

(1) 地磅秤

地磅秤也被称为地磅，英文为 Electronic scale，是厂矿、商家等用于大宗货物计量的主要称重设备。

图4－7　地磅秤

(2)电子秤

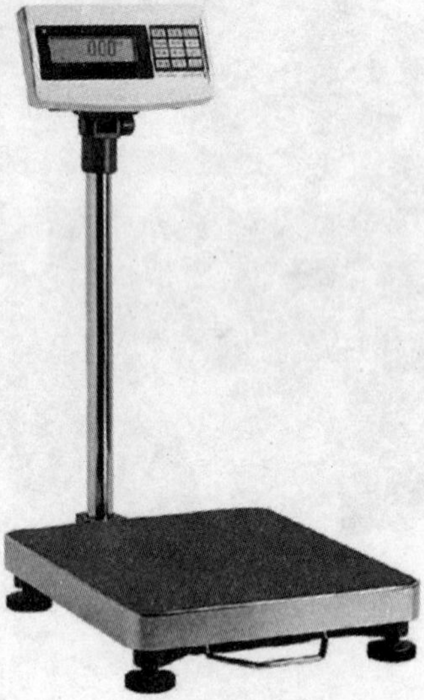

图4－8　电子秤

3. 装卸搬运设备

(1)托盘

托盘是用于集装、堆放、搬运和运输以及旋转物品和制品，是一个单元负荷的水平平台装置。在平台上集装一定数量的单件物品，并按要求捆扎加固，组成一个运输单位，便于运输过程中使用机械进行装卸、搬运和堆存。这种台板有供叉车从下部叉入并将台板托起的叉入口。以这种结构为基本结构的台板和在这种基本结构基础上形成的各种形式的集装器具统称托盘。托盘化运输对提高物流生产效率是非常重要的。托盘有如下特点：

图4－9　塑料双面托盘

①搬运或出入库场都可以用机械操作，减少物品堆码作业次数，从而利于提高运输效

率，缩短货运时间，减轻劳动强度。

②以托盘为运输单位，货运件数变少体积重量变大，而且每个托盘所装数量相等，既便于点数、理货交接，又可以减少货损货差事故。

③投资比较少，收益比较快。

④托盘的回收利用、组织工作难度较大，会浪费平分运力。托盘本身也占用一定的库容空间。

图4-10 塑料单面九脚托盘

(2)托盘的种类

托盘按结构可分为:平板托盘、箱型托盘、立柱型托盘、折叠式托盘。按材料可分为:塑料托盘、金属托盘、木制托盘、纸制托盘。另外还有单面托盘、双面托盘、两向叉入托盘、四向叉入托盘。

图4-11 木制箱型托盘

(3)托盘的规格

托盘的规格。我国托盘规格与国际标准化组织规定的通用尺寸一致，主要有三种规格：1000mm × 800mm、1200mm × 800mm、1200mm × 1000mm。

图 4 – 12　木制托盘

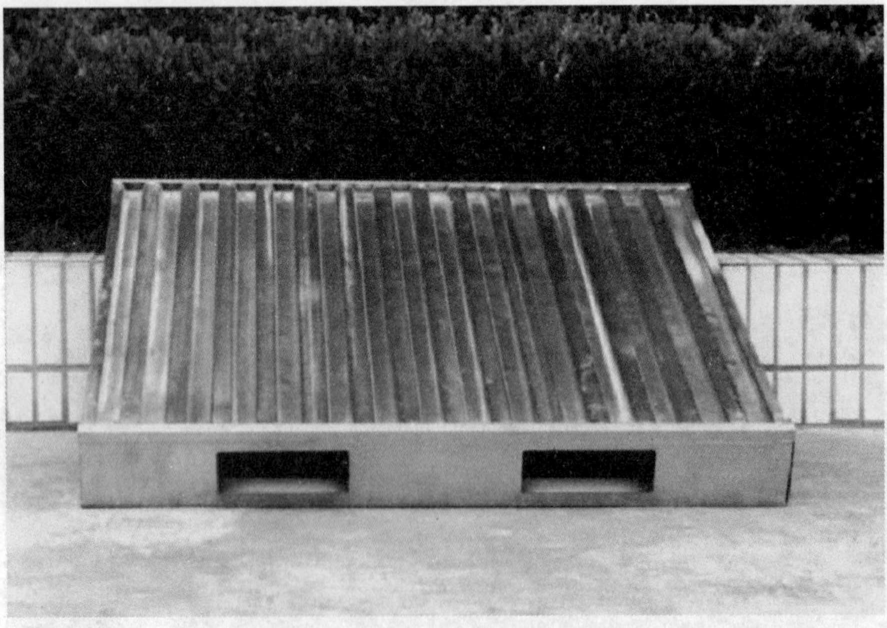

图 4 – 13　金属托盘

图4－14　纸制托盘

(2)叉车

叉车是仓储装卸搬运机械中应用最广泛的一种，主要用于仓库内货物的装载搬运，是一种既可作短距离水平运输，又可堆、拆垛和装卸卡车、铁路平板车的机械，在配置其他取物装置以后，还能用于散货和各种规格品种物品的装卸作业。

叉车与其他搬运机械一样，能够减轻装卸工人繁重的体力劳动。除了能提高装卸效率，缩短车辆停留时间，降低装卸成本以外，它还有以下特点和用途：

①机械化程度高。使用各种自动的取物装置或在货叉与货板配合使用的情况下，可以实现装卸工作的完全机械化，不需要工人的辅助体力劳动。

图4－15　燃料叉车

图4－16　电动叉车

②机动灵活性好。叉车外形尺寸小，重量轻，能在作业区域内任意调动，适应物品数量及货流方向的改变，可机动地与其他起重运输机械配合工作，提高机械化的使用率。

③可以"一机多用"。在配合和使用各种取货装置如货叉、铲斗、臂架、吊杆、货夹、抓取器等的条件下，可以适应各种品种、形状和大小物品的装卸作业。

图 4－17　集装箱叉车

④能提高仓库容积的利用率。堆码高度一般可达 3 米，采用高门架叉车可达到 6 米。

⑤有利于开展托盘成组运输和集装箱运输。

⑥成本低、投资少，能获得较好的经济效果。

叉车的类型很多，常根据性能等的不同而分类。

表 4－2　叉车分类表

按耗能方式分类	按特种行业分类	按工业车辆分类	按行走方式分类
燃料叉车 电力叉车 手动叉车	防爆叉车 多向走叉车 越野叉车 集装箱行走吊车 军用工业车辆 车载式叉车 无人驾驶工业车辆	电动托盘搬动车 前移式叉车 低位拣选叉车 高位选拔叉车 电动拖头 集装箱叉车 伸缩臂叉车	电动托盘堆垛车 电瓶叉车 侧面叉车 固定平台搬运车 集装箱正面吊车 三向堆垛叉车

(3)物流笼车

物流笼车以加大放置货品的空间及可折叠收藏为考虑重点，故笼车高度一般高于 1450 毫米，利用向上延伸的空间来实现放置物空间的最大限度使用。

图4－18　物流笼车

(4)手推车

手推车(wheel barrow；barrow；hand truck)是以人力推、拉的搬运车辆，它是一切车辆的始祖。虽然手推车物料搬运技术不断发展，但手推车仍作为不可缺少的搬运工具而沿用至今。手推车在生产和生活中获得广泛应用是因为它造价低廉、维护简单、操作方便、自重轻，能在机动车辆不便使用的地方工作，在短距离搬运较轻的物品时十分方便。

手推车轻便灵活、广泛用于配送中心、仓库、物流中心、工厂、百货商场、超市等。由于一般手推车没有提升能力，所以一般承重能力在500千克以下。

图4－19　四轮手推车

图4－20　二轮手推车

步骤三：人员准备

根据到货物品的入库时间和到货数量，按计划安排好接运、卸货、检验、搬运物品的作业人员。

步骤四:文件准备

仓储管理员对物品到货所需的各种报表、单证、账簿要准备好。

☞ 任务评分

班级			姓名		小组		
任务名称	进货作业准备工作						
考核内容		评价标准	参考分值（100）	学生自评	小组互评	教师评价	考核得分
职业素养情况	1	具有高度的责任感	5				
	2	具有良好的人际交际能力	5				
	3	在任务实施过程中要有足够的耐心以及熟悉仓储软件的操作流程	10				
知识掌握情况	4	了解货物进货前的准备工作	15				
	5	掌握配送中心情况	10				
	6	熟悉进货准备的流程	5				
能力提升情况	7	能够根据进货计划进行入库准备，包括凭证、设备、场地、人员的准备工作	10				
	8	掌握准备工作的步骤	10				
	9	能够主动搜集所需信息，进行自主学习	10				
参与活动情况	10	积极参与任务实施	5				
	11	积极参与小组讨论	5				
	12	积极回答老师提问	10				
小计							
合计 = 自评 * 20% + 互评 * 40% + 教师评 * 40%							

操作练习作业

☞ 知识考核

一、单选题

1.(　　)的物品尽量放在接近入、出货区及货架低层。

A. 库存量小　　B. 周转率高　　C. 周转率低　　D. 库存量大

2. 地磅秤也被称为地磅，英文为 Electronic scale，是厂矿、商家等用于(　　)计量的主要称重设备。

A. 大宗货物　　B. 小量货品　　C. 车辆　　D. 人员

3. 我国托盘规格与国际标准化组织规定的通用尺寸一致，主要有三种规格：1000mm × 800mm、1200mm × 800mm。(　　)

A. 1200mm × 1100mm

B. 1200mm × 1000mm

C. 1100mm × 1100mm

D. 1200mm × 1200mm

二、多选题

1. 条码扫描设备从原理上可分(　　)。

A. 光笔　　B. CCD　　C. 激光　　D. 红外线

2. 叉车按耗能方式分类(　　)。

A. 电力叉车　　B. 燃料叉车　　C. 手动叉车　　D. 自动叉车

3. 文件准备中，仓储管理员对物品到货所需的各种(　　)要准备好。

A. 报表　　B. 单证　　C. 数据　　D. 账簿

三、判断题

1. 性质相似的货品放在相邻位置，便于进行管理。(　　)

2. 根据到货物品的入库时间和到货数量，按计划安排好接运、卸货、检验、搬运物品的作业人员。(　　)

3. 条码扫描设备从形式上有手持式、激光和固定式三种。(　　)

任务二　进货作业流程

☞ 任务目的

1. 完成进货交接单据的核对；
2. 熟悉货物验收的具体方法，能正确选择验收方式；
3. 能够独立完成进货交接工作及进货单据的签收。

☞ 任务内容

完成以下货品的进货作业

表 4－3　　进货作业计划

供应商：大瑞商贸公司　　送达时间：2015 年 2 月 27 日上午 9：00

序号	商品编号	商品名称	规格	包装	数量	预计使用储位
1	K21026	雀巢醇品速溶咖啡	200g * 24 罐	箱	100	3 个
2	K21039	喜之郎优乐美巧克力奶茶	24 杯	箱	120	4 个

☞ 任务准备

模拟九州通物流公司配送中心，准备：

收货月台、打印好的入库单、送货单、验收计量设备、签字笔、模拟货物 20 箱（600MM × 400MM × 220MM）等。

☞ 任务分工

本任务人员岗位分工为：

岗位	岗位职责	主要内容	技能要求与基本素质	对应人员
仓管员	安排好验收相关工作人员； 准备相关单据； 做好交接准备； 验收后确认签字。	做好货物交接准备；进行货物接运，并核对相关凭证，签字确认；与供货方沟通，处理货物异常情况；填写验收记录表。	了解各种货物的性质，合理组织货物验收；具有较强的协调能力、沟通能力。	柴真毅

续表

仓管员	根据货物属性，完成货物验收工作；将验收结果汇报仓管员。	根据入库单中记载内容与货物对应关系，完成货物数量、品种等验收；根据货物的特性与一般验收标准，完成货物的外观验收；将验收结果汇报给仓管员。	充分了解货物特性及一般货物验收标准；了解货物包装要求；了解单据记载内容与货物的对应关系；迅速、准确、高效地完成清点工作；有团队合作意识。	柳如龙
装卸搬运人员	根据货物特性，完成货物的卸下，并存放在收货月台。	配合数量验收；按照要求，完成货物的卸货作业，并保证作业安全。	充分了解货物的特性；掌握一般货物的装卸搬运方法；有团队合作意识。	李强
送货员	完成货物的运输。	按照要求，按时完成送货作业；将货物交由收货人，并与收货人签字确认；将签收后的单据带回，交给供货单位留档。	安全完成货物的送达；送货及时、零投诉；有责任心。	韦锋

☞ 任务资讯

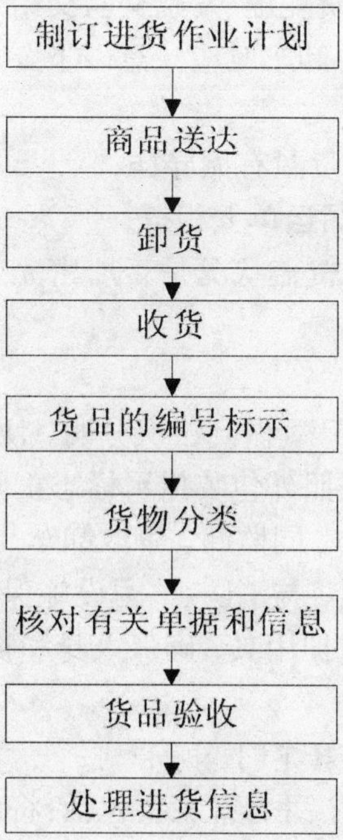

图4-21　进货作业流程图

☞ 任务操作

步骤一：制订进货作业计划

单证信息员刘晓红，根据需求订单制订进货作业计划。配送中心的进货作业计划制订的主要基础和依据是需求订单。进货作业的制订必须依据订单所反映的信息，掌握商品到达的时间、品类、数量及到货方式，尽可能准确预测出到货时间，以尽早做出卸货、储位、人力、物力等方面的计划和安排。进货作业计划的制订有利于保证整个进货流程的顺利进行，同时有利于提高作业效率，降低作业成本。

步骤二：商品送达

仓管员柴真毅从单证信息员刘晓红处拿到进货作业计划，在指定时间到达卸货站台，等待商品送达。资深员工柳如龙告诉柴真毅，有些商品通过铁路、公路、水路等公共运输方式转运到达，需配送中心从相应站港接运商品。对直接送达物流中心的商品，必须及时组织卸货入库，同时应注意以下事项：

1. 应多利用配送车辆司机卸货，以减少公司作业人员和避免卸货作业的拖延；
2. 尽可能将多样活动集中在同一工作站，以节省必要的空间；
3. 尽量避开进货高峰期，并依据相关性安排活动，以达到距离最小化；
4. 详细记录进货资料，以备后续存取核查。

步骤三：卸货

供应商送货车辆进入配送中心，仓管员柴真毅指挥车辆停靠卸货站台，车辆停稳后，送货员韦锋走下车辆，将抽样商品、送货凭证、发票交验交给柴真毅进行验收。柴真毅接过单据后，指挥李强并一起参与卸车工作。卸车时应注意以下要点：

1. 卸车前的检查

(1) 核对车号，检查车门、车窗、货封有无异样；

(2) 物品名称、箱件数是否与物品运单上相符；

(3) 对盖有蓬布的敞车，应检查覆盖状况是否严密完好，尤其要查看有无雨水渗漏的痕迹和破损、散捆等情况。

2. 卸车过程中要注意的事项

(1) 按车号、品名、规格，分别堆码，做到层次分明，便于清点，并标明车号和卸车日期；

(2) 注意外包装的指示标志。按照外包装指示标志正确装卸，避免包装和物品损坏；

(3) 妥善处理苫盖，与保管人员一同监卸，争取卸车与物品件数一次点清；

(4) 卸货后货垛之间要留有通道，与消防、电力设施保持一定距离；

(5) 正确使用装卸机具和安全防护用具，确保人身和物品安全。

3. 卸车后的清理

(1) 检查车内物品是否卸净，关好车门、车窗；

(2) 做好卸车记录，办理内部交接手续，主要包括：将卸车记录和运输记录以及进货物品件数交付保管人员。

步骤四:收货

仓管员柴真毅在收货之前已经完成了收货前的准备工作。内容如下:

1. 收货前准备工作

(1)根据供应商的送货预报，在计算机终端(手持终端)内输入这些商品的条码以及本日到货的所有预报信息。送货人员要根据各种不同的来货方式，摸清送货规律并利用预报资源以及能够掌握到的资料，安排好足够空间的收货场地和装卸搬运设备，使工作能够顺利展开。

(2)准备好收货所需的空托盘，让商品直接卸在托盘上。

(3)预备好相关文件、用具，避免忙中出错。如收货回单图章、存放单据的盒子、条码(记号笔)、以及包装加固材料等。

2. 检验内容

由于柴真毅是第一次进行收货工作，柳如龙从旁指导他进行收货检验工作。收货检验工作是一项比较细致的工作，一定要做到准确无误。一般来说，我们采用两种核对方法，即“三核对”和全核对。

(1)“三核对”即核对商品条码(或物流条码)，核对商品的件数、核对商品名称、规格、细数。要做到三核对有一定难度，所以收货时采取的是边收边验的方法。

(2)全核对。有些商品即使进行“三核对”后，仍会出现一些规格和等级上的差错。如品种繁多的小商品，对这类商品则要采取全核对的方法，要以单对货，核对所有商品的品名、规格、颜色、等级等才能确保准确无误。

表 4－4　　交货验收单

日期:　　年　月　日　　　　品名:

订单号			发票号码		
订货数			交货数		
点验数			实收数		
检验项目	检验规格		检验状况	数量	等级
检验数量		不良数		不良率	
仓储主管			仓管员		

步骤五:货品的编号标示

柴真毅看着进货作业计划单上的商品编号，有些好奇，便向柳如龙请教，这个货品编号是怎么回事呢？有什么作用呢？柳如龙说，在货物编码进货作业是配送作业的首要环节。为了让后续作业准确而快速地进行，并使货物品质及作业水准得到妥善维持，在进货阶段对货物进行有效的编码是一项十分重要的内容。编码结构应尽量简单，长度尽量短，一方面便于记忆，另一方面也可以节省机器存储空间，减少代码处理中的差错，提高信息处理效率。

1. 货品编号的原则

(1)简易性。应将货品化繁为简，便于货物管理。

(2)完全性。要使每一项货品都有一种编号代替。

(3)单一性。每一个编号只能代表一项货品。

(4)充足性。所采用的文字、记号或数字，必须有足够的数量来编号。

(5)扩充性。为未来货品的扩展及产品规格的增加预留编号，使编号能按照需要进行扩展。

2. 常用的编码方法

(1)顺序码。即按照数字顺序一直往下编号，常用于发票等单据。

表 4－5　　顺序码范例

编号	商品种类
1	洗发水
2	牙膏
3	洗衣粉

(2)数字分段码。指数字分段，让每一段数字代表共同特性的一类货品。

表 4－6　　数字分段法范例

编码	商品名称	备注
1	两面针牙膏	1－3 用于牙膏编号
2	中华牙膏	
3	佳洁士牙膏	
4	飘柔洗发水	4－7 用于洗发水编号
5	海飞丝洗发水	
6	力士洗发水	

(3)分组编码。以货品的特性分成多个数字组，每一数字组代表此项货品的一种特性。例如：第一数字组代表货品的类别，第二数字组代表货品的形状，第三数字组代表供应商……至于每一数字组位数可视需要而定。此方法目前较为常用。

表 4－7　　分组编号法范例

	类别	形状	供应商	尺寸
编号	07	4	006	110

表 4－8　　编号意义

货品	类别	形状	供应商	尺寸	意义
编号	07				饮料
		4			方形
			006		康师傅
				110	4m×9m×15m

(4)实际意义编码。以货品的名称、重量、尺寸、保存期限等特性来进行编号。

表 4－9　　实际意义编码范例

编码名称	编码	意义
F04915B1	F0	食品类
	4915	表示 4m×9m×15m，尺寸
	B	表 B 区，商品储存区
	1	表示第一排货架

(5)后数位编码。即运用编号末尾的数字，来对同类货品作出进一步的细分，也就是从数字的层级关系看货品的归属类别。

表 4－10　　后位数编号法范例

编号	货品类别
20	服饰
31	女装
27	上衣
02	衬衣
06	紫色

(6)暗示编码。用数字与文字的组合进行编码，编码本身虽不直接指明商品的实际情况，但却能暗示商品的内容。此法容易记忆又不易为外人所知。

表 4－11　　暗示编码范例

属性	商品名称	规格	颜色与类型	供应商
编码	YDX	006	W	21
含义	运动鞋	大小为 6 号	白色	供应商编号

柳如龙告诉柴真毅，雀巢醇品速溶咖啡的编号是 K21026，其中，K 表示快速消费品，21 表示冲泡类，02 指雀巢厂商，6 是指醇品速溶咖啡。

步骤六:货物分类

货物分类是将多品种货物按其性质或其他条件逐次区别，分别归入不同的货物类别，并进行有系统的排列，以提高作业效率。在实际操作中，对品项较多的分类储存，可分为两个阶段、上下两层输送同时进行。

(1)由条码读取机读取箱子上的物流条码，依照品项做出第一次分类，再决定归属上层或下层的存储输送线。

(2)上、下层的条码读取机再次读取条码，并将箱子按各个不同的品项，分门别类到各个储存线上。

(3)在每条储存线的分离端，箱子堆满一只托盘后，一长串货物即被分离出来；当箱子组合装满一层托盘时，就被送入中心部(利用推杆使其排列整齐)之后，箱子在托盘上一层层地堆叠，堆到预先设定的层数后完成分类。

(4)操作员用叉式堆高机将分好类的货物依类运送到储存场所。

步骤七：核对有关单据和信息

柴真毅需要核对送货员韦锋带过来的单据。一般来说，进货商品通常会具备下列单据或相关信息：送货单，采购订单、采购进货通知，供应方开具的出仓单、发票、磅码单、发货明细表等；除此之外，有些商品还有随货同行的商品质量保证说明书、检疫合格证、装箱单等；对由承运企业转运的货物，接运时还需审核运单，核对货物与单据反映的信息是否相符。

步骤八：货品验收

根据配送中心与供应商签订的合同，在进行实物验收时，柳如龙指导柴真毅根据进货作业计划单和有关技术资料对实物进行数量和外观质量的检查。其验收标准及内容如下：

1. 货物验收的标准：

(1)采购合同或订单所规定的具体要求和条件；

(2)采购合约中的规格或图解；

(3)议价时的合格样品；

(4)各类产品的国家品质标准或国际标准。

2. 货物验收的内容：

(1)质量验收；

(2)包装验收；

(3)数量验收。

步骤九：处理进货信息

货品验收完毕后，柴真毅根据实际验收情况，填写“验收单”，并在“验收员”处填上自己的名字，柳如龙在“复核员”处填写自己的名字。送货员韦锋在“入库单”的“司机”处填上自己的名字，“车号”、“证件号”上填写相关信息，柴真毅也在“入库单”的“仓管员”处填写自己的名字，并填写相关信息后加盖配送中心的收货章，将其中一联交给送货员韦锋。

柴真毅将有关单据交回给单证信息员刘晓红，刘晓红则将这些入库信息及时准确地登入库存商品信息管理系统，以便及时更新库存商品的有关数据。货物信息登录的目的在于为后续作业环节提供管理和控制的依据。此外，对于作业辅助信息也要进行搜集与处理。

1. 商品信息的登录

到达配送中心的商品，经验收确认后一般应填写“验收单”，单据的格式根据商品及业务形式而不同，但一般包含供应商信息、商品信息、订单信息等。

表 4－12　　验收单

<table>
<tr><td>供应商</td><td colspan="2">大瑞商贸公司</td><td>订单号</td><td colspan="2">20150226002</td><td>验收员</td><td>柴真毅</td></tr>
<tr><td>运单号</td><td colspan="5">P20150226001</td><td>验收日期</td><td>2015 年 2 月 27 日</td></tr>
<tr><td>起运日期</td><td colspan="2">2015 年 2 月 26 日</td><td>到货日期</td><td colspan="2">2015 年 2 月 26 日</td><td>复核员</td><td>柳如龙</td></tr>
<tr><td>序号</td><td>储位号</td><td>商品名称</td><td>规格型号</td><td>包装</td><td>应收数量</td><td>实收数量</td><td>备注</td></tr>
<tr><td>1</td><td></td><td>雀巢醇品速溶咖啡</td><td>200g＊24 罐</td><td>箱</td><td>100</td><td>100</td><td></td></tr>
<tr><td>2</td><td></td><td>喜之郎优乐美巧克力奶茶</td><td>24 杯</td><td>箱</td><td>120</td><td>120</td><td></td></tr>
</table>

表 4－13　　入库单

NO：

<table>
<tr><td colspan="4">仓库名称：九州通配送中心</td><td colspan="4">正确商品 □ 暂存商品 □ 退换货 □</td></tr>
<tr><td colspan="4">供应商（客户）：大瑞商贸公司</td><td colspan="4">编号：G1025</td></tr>
<tr><td colspan="4">发货单位：大瑞商贸公司</td><td colspan="4">应发数量：220　实发数量：220</td></tr>
<tr><td colspan="4">联系人：张坤</td><td colspan="4">联系电话：0772－3655289</td></tr>
<tr><td>商品名称</td><td>商品编号</td><td>规格型号</td><td>包装单位</td><td>应收数量</td><td>实收数量</td><td>生产批号</td><td>备注</td></tr>
<tr><td>雀巢醇品速溶咖啡</td><td>K21026</td><td>200g＊24 罐</td><td>箱</td><td>100</td><td>100</td><td></td><td></td></tr>
<tr><td>喜之郎优乐美巧克力奶茶</td><td>K21039</td><td>24 杯</td><td>箱</td><td>120</td><td>120</td><td></td><td></td></tr>
<tr><td></td><td></td><td></td><td></td><td></td><td></td><td></td><td></td></tr>
<tr><td></td><td></td><td></td><td></td><td></td><td></td><td></td><td></td></tr>
<tr><td></td><td></td><td></td><td></td><td></td><td></td><td></td><td></td></tr>
<tr><td></td><td></td><td></td><td></td><td></td><td></td><td></td><td></td></tr>
<tr><td colspan="8">承运单位：宅配通货运公司</td></tr>
<tr><td colspan="2">司机签字：韦锋</td><td colspan="2">证件号：452420198102031234</td><td colspan="2">车号：桂 15288</td><td colspan="2">联系电话：18977340568</td></tr>
<tr><td colspan="2">仓管员：柴真毅</td><td colspan="2">制单人：刘晓红</td><td colspan="2">入库日期：2015 年 2 月 27 日</td><td colspan="2">盖章：</td></tr>
</table>

表 4－14　　入库日结单

编号：　　日期：

序号	商品编码	商品名称	规格型号	包装单位	期初数量	入库数量	出库数量	期末数量	备注
总计									
制单人：				经办人：					

2. 作业辅助信息的收集与整理

在进货通道、站台、库房布局等硬件设施的设计与布局中，需要考虑许多相关因素，才能达到既能控制适当的规模，节省投资，又能满足作业需要的目的。这些信息将决定进货工作量的大小、装卸方式及设备的选择、库内外卸货站台的空间、进货验收对人员及设备等方面的需求、进货作业活动所需场地和空间的大小、车辆等运输工具的安排。进货辅助信息主要来自于进货作业过程中发生的相关信息，因此，必须注意收集与整理，以便为管理决策提供重要的参考数据。

表 4－15　　进货日报表

编号：　　日期：　年　月　日

供应商编号	供应商	商品名称	商品编号	单价	数量	包装尺寸	订货周期

表 4－16　**进货月报表**

编号：　　　　　　　　　　　　　　　　　　　　　　　　日期：　年　月　日

供应商编号	供应商	日计		月计			余额		
		进货金额	收支金额	进货金额	进货退货折让金额	净进货金额	余购金额	未结清票据金额	总债务金额

☞ 任务评分

班级			姓名		小组		
任务名称		进货作业流程					
考核内容		评价标准	参考分值（100）	学生自评	小组互评	教师评价	考核得分
职业素养情况	1	具有良好的沟通能力	5				
	2	具有信息搜集能力	5				
	3	在任务实施过程中具有较强的总结能力	10				
知识掌握情况	4	了解进货交接手续的内容	10				
	5	掌握货物验收的目的与基本要求	5				
	6	熟悉进货作业流程	10				
	7	熟悉验收准备的工作内容	5				

续表

能力提升情况	8	熟悉货物验收的具体方法，能正确选择验收方式	10				
	9	能够独立完成进货交接工作及入库单据的签收	10				
	10	能够主动搜集所需信息，进行自主学习	10				
参与活动情况	11	积极参与任务实施	5				
	12	积极参与小组讨论	5				
	13	积极回答老师提问	10				
小计							
合计 = 自评 * 20% + 互评 * 40% + 教师评 * 40%							

操作习题作业

☞模拟案例

2015年3月1日8:30分，配送中心打印出进货作业计划，要求在1小时内做好进货作业准备，预计货品于9:40送达，柴真毅需要独立完成本次订单处理作业。客户订单如下表：

表4－17　　进货作业计划

供应商：××商贸公司　　送达时间：2015年3月1日上午9:00

序号	商品编号	商品名称	包装单位	规格	数量	预计储位
1	K61025	康师傅天然水	箱	550ml * 24	40	2
2	K32587	康师傅红烧牛肉面	箱	103g * 24	60	2

请按照案例要求，做模拟准备，完成入库验收操作练习。

☞知识考核

一、单选题

1.（　　）的制订有利于保证整个进货流程的顺利进行，同时有利于提高作业效率，降低作业成本。

A. 进货作业计划

B. 入库作业计划

C. 盘点作业计划

D. 补货作业计划

2. 货品的装卸一般都是在站台上进行，送货方到指定地点卸货，并将抽样商品、(　　)、发票交验收货方进行验收。

A. 工作证　　B. 送货凭证　　C. 发货凭证　　D. 身份证

3. 进货辅助信息主要来自于进货作业过程中发生的相关信息，因此，必须注意收集与整理，以便为(　　)提供重要的参考数据。

A. 管理决策　　B. 作业决策　　C. 战略决策　　D. 战术决策

二、多选题

1. "三核对"是指(　　)。

A. 核对商品条码

B. 核对商品的件数

C. 核对商品名称

D. 核对商品规格

2. 货物验收的内容(　　)。

A. 质量验收　　B. 单据验收　　C. 包装验收　　D. 数量验收

3. 货品编号的原则(　　)。

A. 简易性　　B. 完全性　　C. 单一性　　D. 充足性

4. "验收单"的单据格式根据商品及业务形式而不同，但一般包含(　　)等。

A. 商务信息　　B. 订单信息　　C. 商品信息　　D. 供应商信息

三、判断题

1. 实际意义编码是用数字与文字的组合进行编码，编码本身虽不直接指明商品的实际情况，但却能暗示商品的内容。(　　)

2. 做好卸车记录，办理内部交接手续，主要包括：将卸车记录和运输记录以及进货物品件数交付保管人员。(　　)

3. 进货商品通常会具备下列单据或相关信息：送货单，采购订单、采购进货通知，供应方开具的出仓单、发票、磅码单、发货明细表等。(　　)

模块五 5
储存作业

▶学习要点

1. 了解货品的分类分区含义、作用、原则、方法；
2. 熟悉货位的选择及编号方法；
3. 熟悉物品养护的知识；
4. 掌握货品储存策略和储位指派法则；
5. 能够独立完成货位指派作业；
6. 能够独立完成巡视检查作业；
7. 能够独立完成盘点作业流程；
8. 掌握盘点结果的处理方法。

▶案例导入

进货作业完成了，但是应该如何给这些货品安排储位呢？货品进入配送中心之后，进入储存阶段，在这个阶段又有什么工作呢？柴真毅还真有点摸不着头脑，于是，柴真毅请教资深员工柳如龙，希望能够得到指点。柳如龙就开始给柴真毅讲解这些疑问。

任务一　储位指派作业

☞ 任务目的

1. 了解货品的分类分区含义、作用；
2. 熟悉货品的分类分区原则、方法；
3. 掌握货位的选择及编号方法；
4. 掌握货品储存策略和储位指派法则；
5. 能够独立完成货位指派作业流程。

☞ 任务内容

完成以下货品的储位安排：

表 5-1　　**进货作业计划**

供应商：大瑞商贸公司　　送达时间：2015 年 2 月 27 日上午 9:00

序号	商品编号	商品名称	规格	包装	数量	预计使用储位
1	K21026	雀巢醇品速溶咖啡	200g * 24 罐	箱	100	3 个
2	K21039	喜之郎优乐美巧克力奶茶	24 杯	箱	120	4 个

☞任务准备

模拟配送中心，准备：

配送中心管理系统 1 套、打印机 1 台。

☞任务分工

岗位	岗位职责	主要内容	技能要求与基本素质	对应人员
仓管员	岗前了解	了解货品的分类分区含义、作用；熟悉货品的分类分区原则、方法；掌握货位的选择及编号方法；掌握货品储存策略和储位指派法则。	了解货品的分类分区含义、作用；熟悉货品的分类分区原则、方法；掌握货位的选择及编号方法；掌握货品储存策略和储位指派法则；具有较强的协调能力、沟通能力。	柴真毅

续表

仓管员	完成储位指派任务	根据所掌握的知识，完成货品储位指派工作。	了解配送中心所采用的储存策略及储位指派法则；迅速、准确、高效地完成储位指派工作；有团队合作意识。	柴真毅
装卸搬运人员	货品入储	按照储位指派单的要求，完成货品入储作业，并保证作业安全。	充分了解货物的特性；掌握一般货物的装卸搬运方法；有团队合作意识。	李强

☞任务资讯

一、货品的分类分区

货品分类分区是根据货品的类别、性能和特点，结合仓库的建筑结构情况、容量、装卸设备等条件，确定各储存区域存放货品的种类、数量，然后分类分区编成目录并绘制平面图。

货品的分区分类的含义与作用

(一)货品的分区分类的含义

货品分类分区就是对储存货品在“四一致”(货品性能一致、养护措施一致、作业手段一致、消防方法一致)的前提下，把货品储存区划分为若干保管区域，根据货品大类和性能等划分为若干类别，以便分类集中保管。如钢材区、建材区、化工区等。

(二)货品分类分区的作用

把货品储存区划分为若干个保管区域，同一种类的货品集中存放于相对固定的货区保管，有利于收发货与保管业务的进行。

1. 可以缩短货品收、发作业时间；

2. 可以合理地使用仓容；

3. 可以使保管员掌握货品进、出库活动规律，熟悉货品性能，提高保管技术水平；

4. 可以合理配置和使用机械设备，提高机械化操作程度。

(三)货品分区分类的原则

1. 存放在同一货区的货品必须具有互容性。也就是说性质互有影响和相互抵触的不能同库保存。

2. 保管条件不同的货品不应混存。当货品保管要求的温湿度等条件不同时，不宜把它们存放在一起，因为在一个保管空间同时满足两个或多个保管条件是不经济的，更是不可能的。

3. 作业手段不同的货品不能混存。这是指当存放在同一场所中的货品体积和重量悬殊时，将严重影响该货区所配置设备的利用率，同时还增加了作业组合的复杂性和作业难度，使作业风险增加。

4. 灭火措施不同的货品决不能混存。灭火方法不同的货品存放在一起，不仅使安全隐患大大增加，也增加了火灾控制和补救的难度和危险性。

（四）货品分区分类的方法

1. 按货物的种类和性质分区分类，即按货物的自然属性归类，并集中存放在适当场所，这是大多数仓库采用的方法，具体有以下做法：

（1）分区分类储存：就是按货主单位经营货品来分类，把性能互不影响，互不抵触的货品，在同一库房内划定在同一货区里集中储存。但是，为了便于管理，有的也应以不同的品种、包装、进货对象，在大货区中划分若干个小货区集中储存。以钢材区为例，可以按板材、管材、型材等不同品种划区储存。

图 5－1　钢材存储区

图 5－2　机电设备仓库

(2)单一货物专仓专储：主要是按照储存货物的性能来分类，并以一个库房专储存一类货品，如煤场、机电设备库、化工轻工原料库等，此外，贵重货品，即要专储，又要指定专人保管。

2. 按不同货主来分区分类。当仓库为几个大的货主服务时，为便于与货主工作的衔接，防止货物混淆，便于货物存取，往往采取这种方式。

3. 按货物流向分类。这种方式多适用于短期中转存储的货品，如在各种交通场站码头一般可采用这种方法。具体方法是：货品按交通工具分为公路、铁路、水路，再按到达站、港的线路划分。这种分类方法虽然不分货品种类，但对危险品、性能互相抵触以及运价不同的货品，也应该分别存放。

图5－3　危险品仓库

4. 按货物危险性质分区分类。这种方法主要适用于对化学品、危险品的存放。这里要考虑不同性质的危险品之间相互引发危险的可能。

二、货位的选择及编号方法

(一)货位的选择

货位是指仓库中实际可用于堆放商品的面积。货位的选择是在商品分区分类的基础上进行的，所以货位的选择应遵循确保商品安全，方便吞吐发运，力求节约仓容的原则。

1. 确保商品安全原则

为确保商品质量安全，在货位的选择时，应注意以下几个方面的问题：

(1)怕潮、易霉、易锈的商品，应选择干燥或密封的货位；

(2)怕光、怕热、易溶的商品，应选择低温的货位；

(3)怕冻的商品，应选择不低于10℃的货位；

(4)易燃、易爆、有毒、腐蚀性、放射性的危险品，应存放在郊区仓库分类专储；

(5)性能相互抵触或有挥发性、串味的商品，不能同区存储；

(6)消防灭火方法不同的商品，要分开储存货区；

(7)同一货区的商品中，存放外包装含水量过高的商品会影响邻垛商品的安全；

(8)同一货区储存的商品中，要考虑有无虫害感染的可能。

2. 方便吞吐发运的原则

货位的选择，应符合方便吞吐的原则，要方便商品的进出库，尽可能缩短收发货作业时间。除此之外，还应该兼顾以下几个方面：

(1)收发货方式。采取送货制的商品，由于分唛理货、按车排货、发货的作业需要，其储存货位应靠近理货、装车的场地；采取提货制的商品，其储存货位应靠近仓库出口，便于外来提货的车辆进出。

(2)操作方法和装卸设备。各种商品具有不同的包装形态、包装质地和体积重量，因而需要采用不同的操作方法和设备。所以，货位的选择必须考虑货区的装卸设备条件与仓储商品的操作方法适应。

(3)货物吞吐快慢，仓储商品的流转快慢不一，有着不同的活动规律。对于快进快出的商品，要选择有利于车辆进出库方便的货位；滞销久储的商品，货位不宜靠近库门；整进零出的商品，要考虑零星提货的条件；零进整出的商品，要考虑到集中发运的能力。

3. 尽量节约仓容的原则

货位的选择，还要符合节约的原则，以最小的仓容储存最大限量的商品。在货位负荷量和高度基本固定情况下，应从储存商品不同的体积、重量出发，使货位与商品的重量、体积紧密结合起来。对于轻泡商品，应安排在负荷量小和空间高的货位。对于实重商品，应安排在负荷量大而且空间低的货位。

除此之外，在货位的选择和具体使用时，还可以根据仓储商品具有吞吐快慢不一的规律，针对操作难易不一的特点，把热销和久储、操作困难和省力的商品，搭配在同一货区储存，这样，不仅能充分发挥仓容使用的效能，而且还能克服各个储存区域之间忙闲不均的现象。

(二)货位编号

仓库的货位布置可根据仓库的条件、结构、需要，根据已确定的商品分类保管的方案及仓容定额加以确定。货位编号的方法有多种，可灵活掌握，但无论采用何种方式，货位的摆放往往都需要与主作业通道垂直，以便于存取。

1. 货位编号的要求

货位的编号就好比商品在仓库中的住址，必须符合“标志明显易找，编排循规有序”的原则。具体编号时，须符合以下要求：

(1)标志设置要适宜。货位编号的标志设置，要因地制宜，采用适当的方法，选择适当的地方。如无货架的库房内，走道、支道、段位的标志，一般都刷置在水泥或木板地坪上；有货架库房内，货位标志一般设置在货架上等。

(2)标志制作要规范。货位编号的标志如果随心所欲、五花八门，很容易造成单据串库、商品错收、错发等事故。统一使用阿拉伯字码制作标志，就可以避免以上弊病。为了将库房以及走道、支道、段位等加以区别，可在字码大小、颜色上进行区分，也可在字码外加上括号、圆圈等符号加以区分。

(3)编号顺序要一致。整个仓库范围内的库房、货场内的走道、支道、段位的编号，一般都以进门的方向左单右双或自左向右顺序编号的规则进行。

(4)段位间隔要恰当。段位间隔的宽窄，应取决于货种及批量的大小。

同时应注意的是，走道、支道不宜经常变更位置，变更编号，因为这样不仅会打乱原来的货位编号，而且会使保管员不能迅速收发货。

图5－4　货位标签

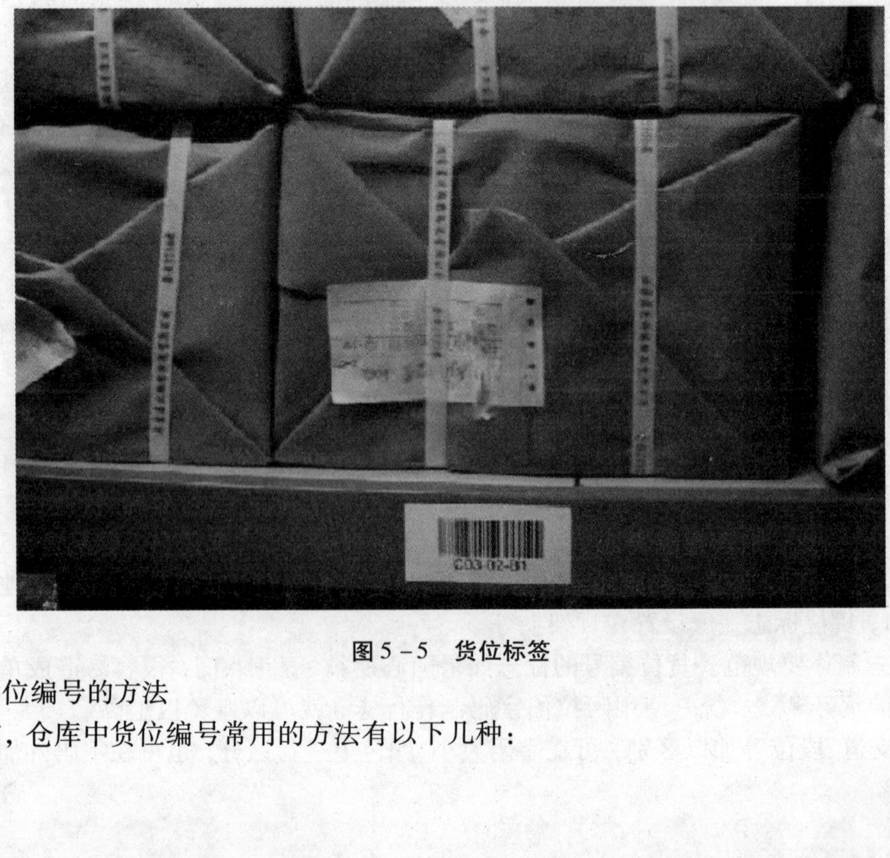

图5－5　货位标签

2. 货位编号的方法

目前，仓库中货位编号常用的方法有以下几种：

（1）仓库内储存场所的编号。整个仓库内的储存场所若有库房、货棚、货场，则可以按一定的顺序（自左向右或自右向左），各自连续编号。库房的编号一般写在库房的外墙上或库门上，字体要统一、端正，色彩鲜艳、清晰醒目、易于辨认。货场的编号一般写在场地上，书写的材料要耐摩擦、耐雨淋、耐日晒。货棚编号书写的地方，则可根据具体而定，总之应让人一目了然。

（2）库房编号。对于多层库房的编号，常采用"三位数编号"、"四位数编号"或"五位数编号"。"三位数编号"是用三个数字或字母依次表示库房、层次和仓间，如，131 编号，表示 1 号库房、3 层楼、1 号仓间。"四位数编号"是用四个数字或字母依次表示库房、层次、仓间和货架，如，1331 编号，表示 1 号库房、3 层楼、3 号仓间、1 号货架。"五位数编号"是用五个数字或字母依次表示库房、层次、仓间、货架、货格，如，13311，表示 1 号库房，3 层楼，3 号仓间，1 号货架，1 号货格。

（3）货位编号。货位布置的方式不同，其编号的方式也不同，货位布置的方式一般有两种，横列式和纵列式。横列式即货位横向摆放，可采用横向编号。纵列式，即货位纵向摆放，常采用纵向编号。

3. 货位编号的应用

（1）当商品入库后，应将商品所在货位的编号及时登记在账册上或输入电脑。货位输入的准确与否，直接决定了出货的准确性，应认真仔细操作，避免差错。

（2）当商品所在的货位变动时，该商品账册上的货位编号也应作相应的调整。

（3）为提高货位利用率，一般同一货位可以存放不同规格的商品，但必须配备区别明显的标识，以免造成差错。

包装材料货位卡

编号：TJCT－VL－REC－014－00

材料名称				代号			批号		
收料日期				供应厂商					
检验报告单				收料数量		单位		规格	
年		领料量	领料人	发放人	退料量	退料人	收料人	结存量	备注
月	日								

图 5－6　货位卡

三、货品储存策略

储存策略就是确定储位的指派原则。良好的储存策略可以减少出、入库移动的距离，缩短作业时间，甚至能够充分利用储存空间。一般常见储存策略是：

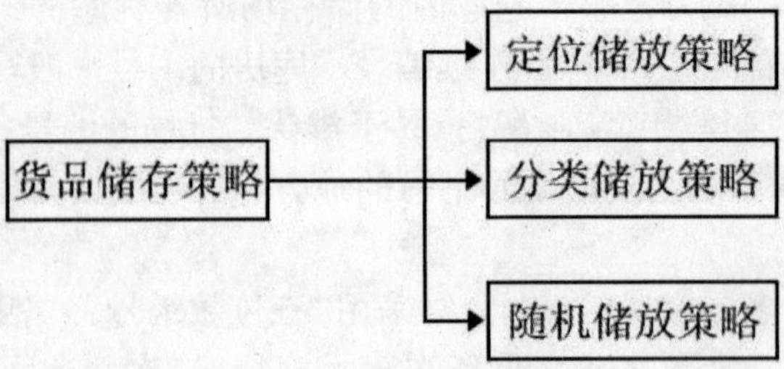

图5－7　货品储存策略

(一)定位储放策略

每一储存货品都有固定储位，货品不能互用储位，因此须规划每一货品的储位容量不得小于其可能的最大在库量。

(二)分类储放策略

所有的储存货品按照一定特性加以分类，每一类货品都有固定存放的位置，而同属一类的不同货品又按一定的法则来指派储位。分类储放通常按产品相关性、流动性、产品尺寸、重量、产品特性来分类。

(三)随机储放策略

每一个货品被指派储存的位置都是经由随机的过程所产生的，而且可经常改变;也就是说，任何货品可以被存放在任何可利用的位置。此随机原则一般是由储存人员按习惯来储放，且通常按货品入库的时间顺序储放于靠近出入口的储位。

四、储位指派法则

储存策略是储区分配的大原则，储位指派法则决定储存作业运作的模式。良好的储存策略与指派法则配合之下，可大量减少拣取货品所移动的距离。储位指派法则很多，常见的储位指派原则如下：

(一)周转率为基础法则

按照货品在仓库的周转率(销售量除以存货量)来排定储位。货品周转率愈高应离出入口愈近。

(二)货品相关性法则

相关性大货品在订购时经常被同时订购，所以应尽可能存放在相邻位置。但相容性低的产品绝不可放置一起，以免损害货品品质，如烟、香皂、茶叶便不可放在一起。考虑货品相关性储存的优点是:能减短提取路程;减少工作人员疲劳;简化清点工作。货品相关性的大小可以利用历史订单数据做分析。

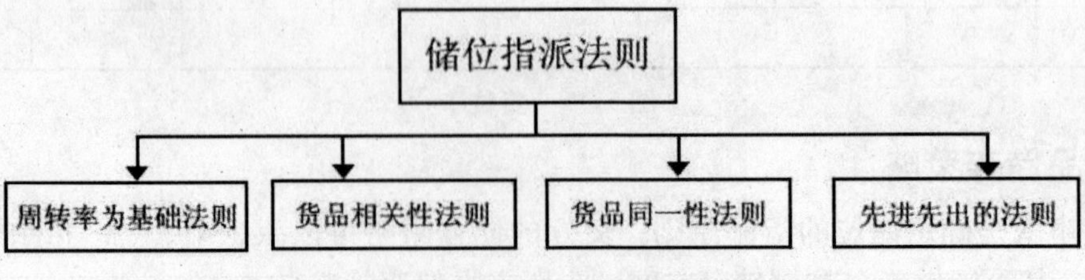

图5－8　储位指派法则

(三)货品同一性法则

所谓同一性法则是指把同一货品储放于同一保管位置。若同一货品散布储放于仓库内多个位置时，货品在储放、取出等作业的不便就可想而知，在盘点以及工作人员对货品掌握程度等方面都可能造成困难。

(四)先进先出的法则

先进先出一般适用于寿命周期短，保管损耗大的货品，例如食品、感光纸、软片等。作为库存管理的手段来考虑时，先进先出是必须的。但是若货品寿命周期长，保管时不易产生损耗、破损变质等情况时，则要考虑先进先出的管理费用及采用先进先出所得到的利益，比较优劣后，再决定是否需要采用先进先出的法则等等。

☞ 任务操作

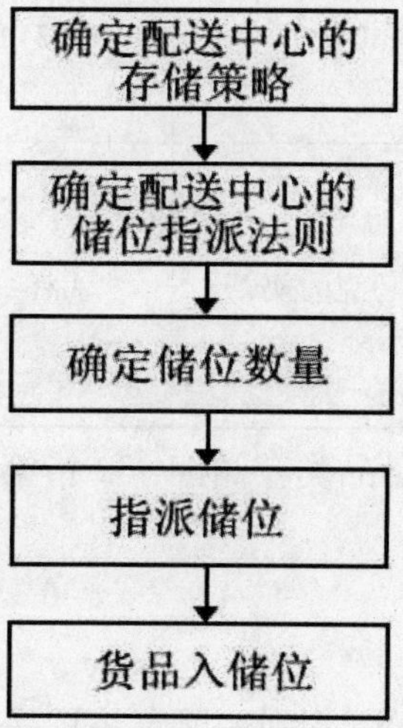

图5-9 储位指派作业流程图

步骤一:确定配送中心的存储策略

柴真毅在柳如龙的指导下，了解到配送中心采取的是“分类储放策略+随机储放策略”。即某一类货品放在某一固定区域，在该区域内则可随意摆放该类货品。雀巢醇品速溶咖啡、喜之郎优乐美巧克力奶茶这两种货品属于食品类，而该类货品应存入在配送中心存储区的食品类存储区即B区。

步骤二:确定配送中心的储位指派法则

柳如龙接着告诉柴真毅，我们接下来，就要了解储位指派的法则，咱们配送中心是按照“周转率为基础法则+先进先出的法则”。根据这两个法则，我们可以查到雀巢醇品速溶咖啡、喜之郎优乐美巧克力奶茶的周转量比较大，使用ABC分类法进行分类后，这两种货品属于A类货品。这些货品都应该摆放在离出作业通道较近而且最好是底层的储位。

步骤三：确定储位数量

柴真毅根据进货作业计划中的预计储位个数，得到雀巢醇品速溶咖啡需要3个储位，喜之郎优乐美巧克力奶茶需要4个储位。因为每个储位，可以存放36箱雀巢醇品速溶咖啡、30箱喜之郎优乐美巧克力奶茶，共有100箱雀巢醇品速溶咖啡、120箱喜之郎优乐美巧克力奶茶，所以需要3个储位存放雀巢醇品速溶咖啡、4个储位存放喜之郎优乐美巧克力奶茶。

步骤四：指派储位

柴真毅打开配送中心管理系统，查看食品类存储区的空闲储位，根据储位指派法则，给雀巢醇品速溶咖啡、喜之郎优乐美巧克力奶茶指派储位如下：

表5-2　**储位指派单**

序号	商品编号	商品名称	规格	包装	数量	储位
1	K21026	雀巢醇品速溶咖啡	200g*24罐	箱	36	B010103
					36	B020102
					28	B020304
2	K21039	喜之郎优乐美巧克力奶茶	24杯	箱	30	B030102
					30	B040101
					30	B030304
					30	B040204

注：储位号编号B020102，B指食品类存储区，02指第二排货架，01指第一层，02指第二个货位。

步骤五：货品入储位

柴真毅打印储位指派单交给李强，李强用叉车将货品放入指定储位。

☞ 任务评分

班级		姓名		小组			
任务名称	储位指派作业						
考核内容		评价标准	参考分值（100）	学生自评	小组互评	教师评价	考核得分
职业素养情况	1	具有良好的沟通能力	5				
	2	具有信息搜集能力	5				
	3	在任务实施过程中具有较强的总结能力	10				

续表

知识掌握情况	4	了解货品的分类分区含义	5				
	5	了解货品的分类分区作用	5				
	6	熟悉货品的分类分区原则、方法	10				
	7	掌握货位的选择及编号方法	10				
能力提升情况	8	掌握货品储存策略和储位指派法则	10				
	9	能够独立完成货位指派作业流程	10				
	10	能够主动搜集所需信息，进行自主学习	10				
参与活动情况	11	积极参与任务实施	5				
	12	积极参与小组讨论	5				
	13	积极回答老师提问	10				
小计							
合计 = 自评 * 20% + 互评 * 40% + 教师评 * 40%							

操作习题作业

☞ 模拟案例

2015 年 3 月 1 日，柴真毅有一批货品已经完成进货作业，需要进行储位指派，具体货品如下：

表 5 – 3　　**进货作业计划**

供应商：大瑞商贸公司

送达时间：2015 年 3 月 1 日上午 9:00

序号	商品编号	商品名称	包装单位	规格	数量	预计储位
1	K61025	康师傅天然水	箱	550ml * 24	40	2
2	K32587	康师傅红烧牛肉面	箱	103g * 24	60	2

请按照案例要求，做模拟准备，完成储位指派作业练习。

☞ 知识考核

一、单选题

1. 存放在同一货区的货品必须具有(　　)。也就是说性质互有影响和相互抵触的不能同库保存。

A. 兼容性　　B. 包容性　　C. 互容性　　D. 易容性

2. (　　)是指每一储存货品都有固定储位，货品不能互用储位，因此须规划每一货品的储位容量不得小于其可能的最大在库量。

A. 随机储放策略

B. 定位储放策略

C. 分类储放策略

D. 分区定位储放策略

3. 这是(　　)的优点能减短提取路程;减少工作人员疲劳;简化清点工作。

A. 货品同一性法则

B. 先进先出的法则

C. 周转率为基础法则

D. 货品相关性法则

二、多选题

1. 按货物的种类和性质分区分类(　　)。

A. 分区分类储存

B. 单一货物专仓专储

C. 综合存储

D. 多种货品混合存储

2. 货品储存策略有(　　)。

A. 随机储放策略

B. 分类储放策略

C. 定位储放策略

D. 分区定位储放策略

3. 储位指派法则有(　　)。

A. 货品同一性法则

B. 先进先出的法则

C. 周转率为基础法则

D. 货品相关性法则

三、判断题

1. 货品分类分区存放货品的“四一致”是货品性能一致、养护措施一致、作业手段一致、安全措施一致。(　　)

2. 货位的选择，还要符合节约的原则，以最小的仓容储存最大限量的商品。(　　)

3. 良好的储存策略可以减少出、入库移动的距离，缩短作业时间，甚至能够充分利用储存空间。(　　)

任务二　巡视检查作业

☞ 任务目的

1. 了解物品保管的方针；
2. 熟悉物品养护的知识；
3. 掌握巡视检查的工作类型；
4. 能够独立完成巡视检查作业。

☞ 任务内容

完成巡视检查作业

☞ 任务准备

模拟配送中心，准备：
配送中心管理系统1套、打印机1台。

☞ 任务分工

岗位	岗位职责	主要内容	技能要求与基本素质	对应人员
仓管员	岗前了解	了解物品保管的方针； 熟悉物品养护的知识； 掌握巡视检查的工作类型。	熟悉温湿度的调节控制方法；熟悉金属的防锈与除锈；熟悉霉变与虫害的防治；掌握巡视检查的工作类型；具有较强的协调能力、沟通能力。	柴真毅
仓管员	完成巡视检查作业	掌握巡视检查作业的工作流程；能够针对巡视检查工作的情况给出合理的处理意见。	迅速、准确、高效地完成储位指派工作；有团队合作意识；具有较强的协调能力、沟通能力。	柴真毅

☞ 任务资讯

一、物品保管

通常认为，物品在入库之后、出库之前处于储存阶段。而现代物品保管工作是伴随着物品储运全过程的技术性措施，是保证储运物品安全的重要环节。它的一个活动过程，贯穿于整个物流的各个环节。物品保管的任务主要是根据物品的性能和特点，提供适宜的保管环境和保管条件，保证库存物品数量正确，质量完好，并充分利用现有仓储设施，为经济合理地组织物品供应打下良好的基础。

货物保管不仅是个技术问题，而且是个综合管理的问题。对于普通货物的保管主要是维持其质量、数量、包装的完好，重要的不是技术实施的保证，而是管理水平的高低。“以防为主，以治为辅，防治结合”是货物保管工作的方针。搞好货物保管，具体要做好以下几个方面的工作：

(一)严格验收货物入库

为了防止货物在储存期间发生各种问题，提高货物保管的质量和水平，必须严把货物入库关，严格验收货物及其包装的数量和质量状况。

(二)适当安排储存场所

由于不同货物性能不同，对保管条件的要求也不同，因此，分区分类、分理安排存储场所是货物保管的一个重要环节。

(三)物品分类保管

1. 危险品

(1)危险品应存放于专用储存区并有明显标示，配备相应的设施和应急器材；

(2)仓管人员应经过专门训练，了解和掌握各种危险品保管知识，并经考试合格后方可上岗；

(3)危险品进入仓库时，仓库管理人员应严格把关，性质不明或包装不符合规定的，仓库管理人员有权拒收；

(4)危险品应堆放牢固，标记朝外或朝上，一目了然；

(5)照明用灯应选择专用防爆灯，避免生成电火花；

(6)应建立健全防火责任制，确保各项安全措施的落实。

2. 金属物品的保管

(1)保管场所均应清洁干燥，避免与酸、碱、盐等化学品接触；

(2)堆码时要防止金属物品受潮；保护金属材料的防护层和包装，防止因防护层受损而生锈。

3. 其他物品的保管

其他物品的保管应根据货品的特性和形状，按有效的保管方法进行保管。例如，毛皮应存放在干净、干燥的库房内，注意通风、隔热、防潮、又要防虫蛀、鼠咬、灰尘污染。而食品须离墙离地，按入库的先后顺序、生产日期、分类分架、生熟分开、摆放整齐、挂牌存放。粮库和干杂食品要通风良好，温度湿度低，门窗、地面、货架清洁整齐，无蝇、无鼠、无蟑螂和其他昆虫，存放酱油、粮、碱等副食调料，要做到容器内无变色、无油垢、无虫蝇。

二、物品养护

储存在仓库里的货物种类繁多，并且具有不同的特性，因此货物养护应针对入库货物的特性，结合仓库的具体条件，采取各种科学手段对货物进行养护，防止和延缓货物质量变化的行为。

仓库应高度重视货物保管保养工作，以制度性、规范性的方式确定保管工作责任；针对各种货物的特性制定保管方法和程序，充分利用现有的技术手段开展针对性的保管、维护。

仓库保管遵循“以防为主、防治结合”的保管原则。要特别重视货物损害的预防，及时发现和消除事故隐患，防止损害事故的发生。特别要预防发生爆炸、火灾、水浸、污染等恶性事故和造成大规模损害事故。在发生、发现损害现象时，要及时采取有效措施，防止损害扩大，减少损失。

仓库货物保管的手段主要有：经常对货物进行检查测试，及时发现异常情况；合理地对货物通风；控制阳光照射；防止雨雪水湿货物、及时排水除湿；除虫灭鼠，消除虫鼠害；妥善进行湿度控制、温度控制，防止货垛倒塌；防霉除霉，剔出变质货物；对特殊货物采取针对性的保管措施等。下面为大家介绍几种常见养护方法。

（一）温湿度调节与控制

1. 仓库温度、湿度的含义

温度和湿度是影响物品质量变化的重要因素。物品在储存保管期间都要有一个适宜的温湿度。仓库里平常指的温度有三种：库房外叫气温；库房内叫库温；储存物品的温度叫垛温。

图 5－10　仓库内的温度湿度控制器

空气湿度是指空气中水蒸气含量多少的程度。一般以绝对湿度、相对湿度和饱和湿度来表示。在仓库的湿度管理中，检查库房的湿度大小，主要是观测相对湿度的大小。三种湿度表示的方法可以通过如下公式计算：

相对湿度 = 绝对湿度/饱和湿度 × 100%

饱和湿度 = 绝对湿度/相对湿度 × 100%

绝对湿度 = 相对湿度 × 饱和湿度 × 100%

引起金属生锈的相对湿度的范围，称为金属生锈的临界湿度，铁的临界湿度为 65% ~ 70%，钢的临界湿度为 70% ~ 80%。因此不管采取什么防潮措施，都应使库房内的相对湿度降低到金属的临界湿度以下。

2. 仓库温度、湿度的控制和调节方法

要观测和掌握温湿度的变化，就要在库内外适当的地点设置必要的温湿度仪器，并建立管理制度。库内一般将仪器悬挂在库房的中央，库外应放在百叶箱内，而且要坐南朝北，离地面 2 米以上。

图 5－11　仓库外的通风设备

(1) 通风。通风是根据空气自然流动规律，有计划地组织库内外的空气交换，以达到库内温湿度所要求的范围。

为达到通风的目的和避免不合理的通风给储存物品带来不利影响，通风除湿应注意以下几点：

①应尽量在晴天进行，风力不要超过 5 级，库外温度高于库内温度一般不能超过 3℃。

②必须注意储存物品本身的温湿度和空气温湿度变化的关系，避免造成通风中物品表面结露。

③通风时要不断观察通风效果和天气的变化。另外，在大风、雾天、雨雪天应尽量不要通风。

(2) 密封。密封是采用一定的方法，将储存物品尽可能严密地封闭起来，以防止和减弱外界空气对物品的影响。密封与通风和吸潮结合起来，可以达到防霉、防潮、防锈、防虫的作用。

图5－12　除湿器

仓库常用的密封方法有以下几种：

①货架密封：将货架用塑料薄膜等密封起来，防止外界空气的影响和结尘。适于出入频繁，怕潮易锈、易霉的小件物品。

②货垛密封：用油毡等密封材料，将货垛上下和四周封闭起来。适于露天货场和仓库内一些要求保管条件高的物品。

③库内小室密封：在仓库内选择适当的地方，用密闭的材料围成临时的密封小屋以保管一些贵重、怕潮的物品。

④整库密封：将库房全部密封起来。对储量大、整进整出的物品可采用此方法。

上述方法可以单独使用，也可以结合使用。物品密封后要注意加强管理，定期检查，观察和记录密封内的温湿度情况。

(3)吸潮。用吸湿剂或除湿机去湿是降低仓库内空气湿度的有效方法。吸湿剂去潮是仓库常用的方法，一般有生石灰、氯化钙、硅胶、木炭、炉灰等。几种主要的吸湿剂性质和使用方法如下：

①生石灰：氧化钙。吸湿性较强，速度较快。使用时捣成小块，放在小木箱中，不要装满，以免膨化后溢出，最好在吸湿后还没有变成粉末前换掉，生石灰不要直接接触保管物品。

②氯化钙：是一种白色多孔的颗粒固体，吸湿效果显著。有无水(含水3%)和有水(含水23%)两种。氯化钙吸湿到饱和状态后融化为液体，吸湿后的溶液加热蒸发水分后仍可使用。

③硅胶：又叫矽酸，是一种白色多孔的颗粒固体，性能与氯化钙基本相同，但颗粒小一些，也可反复使用。

各种吸湿剂的吸湿性能如表5－4所示。

表 5－4　　各种吸湿剂的吸湿性能

吸湿剂	投放量（公斤/立方米）	吸湿率%	
		47 小时	70 小时
生石灰	0.2～0.25	13	25
无水氯化钙	1.2	49	54
有水氯化钙	0.8	14	40
硅胶	0.4～0.7	87	93

（二）金属的防锈与除锈

防止金属锈蚀以及金属的除锈都是保管技术中一项重要的内容。在金属物品中，最容易被锈蚀的是以钢铁为原料的制品。金属锈蚀，由于受不同环境的影响，可以分为大气锈蚀、海水锈蚀、土壤锈蚀、接触锈蚀等，其根本原因有化学原因、电化学原因，其中以电化学原因最为严重。

1. 金属的防锈。金属材料和物品在储存过程中，基本的防锈方法是：防止和破坏产生化学和电化学腐蚀的条件。最经济有效的办法是严格按照其保管要求来进行存储，杜绝使金属锈蚀的一切因素，如空气的相对湿度低于65%，则不管在什么气温下，金属都不会锈蚀。

金属防锈的主要方法是涂防锈油，使水汽不能达到金属表面。这种方法也叫“油封”。防锈油分为硬膜和软膜两种。硬膜防锈油使用前呈稠液状，覆盖在金属上很快会干，看似一层清漆，防锈性能好，但油膜不易除掉，所以主要用于待加工的金属材料防锈。软膜防锈油多为稀释型，溶剂挥发后，金属表面会形成油膜，使用方便，无须加热就可以涂刷。

图 5－13　人工喷砂除锈

2. 气相防锈。气相防锈法是利用气相缓蚀剂，在密封的包装和容器内对金属零配件进行防锈的方法。气相缓蚀剂在常温下就具有一定的挥发性能，在很短的时间内，它的气体就能充满包装和容器内的每个角落，对形状和结构复杂的零配件具有良好的防锈的效果。通常将气相缓蚀剂溶于水或有机溶液中然后涂在纸上，晾干后得到“气相防锈纸”，用这种纸包装的零配件可长期封存。

使用气相缓蚀剂需要注意：必须弄清气相缓蚀剂的特性及其对金属的适应性，气相缓蚀剂包装内的相对湿度一般不要超过85%，不能与水分长期接触；防止电和光的作用；防止与酸碱接触；使用前必须对金属物品进行清洗处理。

3. 金属的清洗。碱的水溶液可以洗去金属表面上的油污，因此是清洗金属常用的方法。单一品种的碱，不容易取得良好的清洗效果，因此在实际应用中经常配合使用。

碱洗的方法有两种：

（1）浸洗法。在加热的碱液中清洗油脂的方法。用具有加热装置的铁器，将洗液加热，一般为60℃～100℃之间，将制品浸入，并加以震荡，按照脏污的程度，时间一般在5分钟～30分钟之间。浸洗后要进行彻底的水洗，然后迅速烘干。

（2）电解法。是将被洗制品浸在热碱液中，通过电流电解产生大量气体，从而破坏油膜而清洗的办法。

4. 金属的除锈。金属的除锈可以分成物理除锈和化学除锈两种。物理除锈方法又可以分为人工和机械除锈两种。

图5－14　通用除锈剂

（1）人工除锈。只用简单的除锈工具，主要通过手工来去除金属的锈蚀。可以采用的物品主要有刮刀、砂纸、钢丝刷、木屑等。

（2）机械除锈。抛光法，用软质的棉布、帆布等制成抛光轮，利用电机带动，在高速旋转下把锈蚀除去，如果在抛光轮上涂抹抛光膏，效果更好；钢丝轮除锈，用金属制成轮刷，在机械的带动下，高速旋转去锈；喷射法，将沙粒等强力喷射到金属表面，利用其强大的冲击与摩擦力的作用除锈。

(3)化学除锈。金属的锈蚀物主要是金属的氧化物，化学除锈就是将酸溶液与这些氧化物发生反应，使其溶解在酸溶液中，达到除锈的目的。化学除锈主要采用硼酸、盐酸和磷酸，多用于齿轮、轴承、量具、刃具以及中小型部件的除锈。

图 5－15　振动研磨抛光机

(4)电化学除锈。将需要除锈的金属制品放入电解液中，接通电源后利用电化作用去除锈蚀，主要用于形体较大的金属制品。主要采用阴极法，即以金属为阴极，通电后在阴极上产生氢气还原氧化铁，并以氢气的机械作用剥离锈蚀。

(三)霉变与虫害的防治

霉菌是一种微生物，如果环境适宜，生长繁殖速度惊人，它对橡胶制品、纤维制品的危害很大。而虫害不仅侵害仓库的物资，还会对仓库本身造成损坏。

1. 霉变的防治

库存物资并不是在什么条件下都会发生霉变，水分是微生物繁殖的必要条件。工作中，经常把相对湿度75%称为物质霉变的临界湿度，低于75%时，多数物资不会霉变。温度是微生物生长的另一个重要条件。它在10℃以下不易生存，40℃以上停止活动，80℃时多数微生物死亡，在25℃～35℃时生长最好。日光对多数微生物影响也很大，日光直射1小时～4小时，大部分微生物会死亡。防止物品霉变，主要是采取预防措施。具体方法有以下几种：

(1)仓库管理。物资入库要严格检查有无霉变现象，入库后容易霉变的物资分库存放，注意通风，降温防湿，把相对湿度控制在75%以下。

(2)用药剂防范霉变。把抑制和杀灭微生物的化学药剂放洒在容易霉变的物资上，主要药剂有五氯芬钠、水杨酰苯胺、多聚甲醛等。

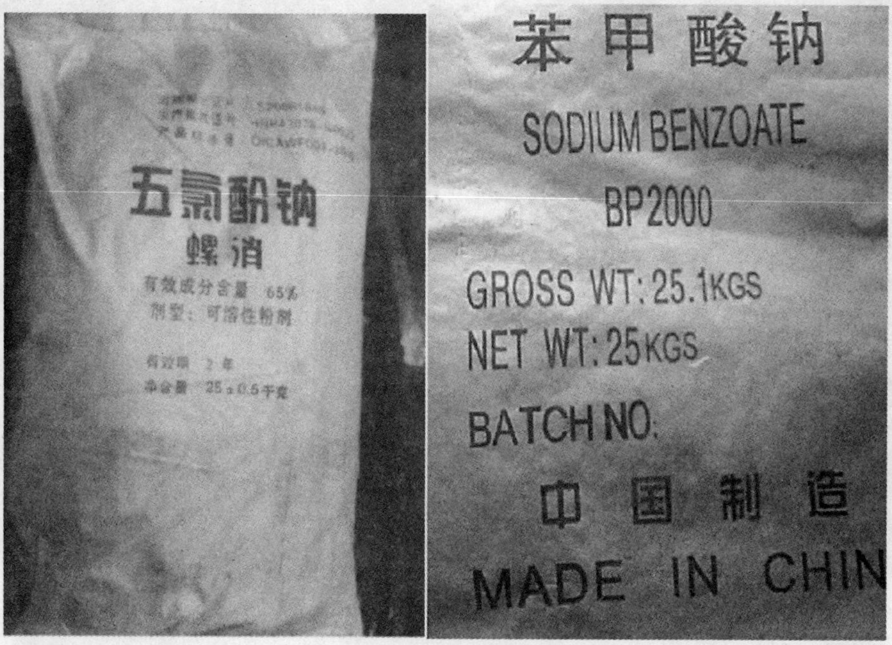

图 5-16　防腐剂

(3)气体防霉。改变空气成分，用二氧化碳或氮气密封包装和密封库房，物品上的霉菌就失去了生存的条件。

(4)低温防霉。低温防霉一般具有良好的效果，主要因为低温能够减低生物体内酶的活性。但是不同的物品对温度的要求不同，如鲜鸡蛋最好在-1℃条件下保管；果蔬的温度要求在0℃~10℃之间；鱼、肉物品采用速冻方法，在-16℃~-28℃之间时可以保存较长时间。

(5)物品霉变的救治。霉变后如果早期发现是可以救治的，主要采用的方法有晾晒、高温烘烤、药剂熏蒸、紫外线杀菌等。

2. 虫害的防治

(1)清洁卫生防治法。库内保持清洁，孔洞缝隙密封，库外不留杂草、污水、垃圾，适时喷洒防虫药剂。

(2)物理机械防治法。这是以自然或人为的高、低温作用于害虫的方法。温度必须超过害虫生命界限；对鼠的防治可采用捕鼠机械。

(3)化学药剂防治法。是利用化学药剂预防和杀灭仓库害虫。目前经常用于仓库防治虫害的药剂主要有：林丹、敌百虫、磷化铝、磷化锌、马拉硫磷、溴甲烷等。

(四)冷藏和冷冻技术

在前面介绍的仓库温湿度调节主要是指常温下的调节技术，而冷藏冷冻技术则是使用冷却装置使仓库内的温度达到低温状态，以保管物品的技术。在现代物流中，冷藏冷冻技术是与仓库联系在一起的，广泛应用于果品、蔬菜、水产、肉类、冷饮、速冻食品等。因此这里将结合仓库和保管的品种来介绍冷藏冷冻技术。

图 5－17　冷库

1. 冷藏冷冻仓库

仓库建筑本身为隔热构造，用冷却装置使库内的温度达到低温状态以保管物品的仓库一般叫冷藏仓库。在营业仓库中 F 级冷藏库：温度在 －20℃以下。C 级冷藏库温度在 －20℃～10℃之间。C 级冷藏库又可分为 3 个等级。

2. 冷冻食品的冷冻技术

冷冻食品的冷冻技术是指以低温状态从生产者运往消费者的过程中，以保持食品质量为目的的技术。处理时要区分蔬菜和鱼肉类进行。蔬菜与空气温度及湿度有关，温度过低会造成蔬菜冻坏；而对于鱼肉类，温度越低保存时间越长，但由此也大大增加了成本。所以要根据种类的不同采取适当的温度。一般食品的保存温度如表 5－5 所示。

表 5－5　食品的保存温度标准

温度带	食品类型
10℃～5℃	蔬菜、水果、奶类加工食品、火腿、香肠
5℃～－5℃	生食用鱼贝类、牛奶、鸡蛋、生鲜肉
－15℃以下	冷冻肉类、冷冻食品、浓缩果汁、冰淇淋

在冷冻食品仓库要首先进行食品预冷，然后再进行低温配送和低温保管。可以分为冷藏配送和冷冻配送两种。

食品在进行低温输送和低温储藏时，必须提前进行一定温度的冷却。如果不提前冷却，而是直接将食品装入冷藏车，食品箱堆放在一起，由于冷冻机能量有限，食品放出的热气会使温度升高，很难充分冷却，造成食品变质。食品在仓库的预冷一般有以下 3 种：

(1)强制通风方式。就是用适当冷却的空气迅速地不间断地在食品间流动的方式。使用这种方式的缺点是耗用时间较长。

(2)直接冷却方式。将食品放入真空冷却装置进行减压，利用水在接近真空状态时 0℃就能沸腾并吸收周围余热的原理，进行冷却的方式，通常菠菜、生菜、韭菜等绿叶菜在短时冷却时采用这种方式。

(3)冷水冷却方式。浸在冷水中或用冷水冲洗的方法，耗用的时间很短，可以把漂洗也同时进行了，但是会在食品中残留水分。

三、巡视检查作业的类型

(一)日常检查巡视

1. 检查方式

(1)巡视，定时巡回查看。

(2)目视检查，用眼睛观察确认。

2. 检查频率

(1)每一班一次。

(2)夜班也不能例外。

3. 检查项目及内容

(1)库房清洁，库房内外是否清洁卫生，库房是否漏水，场地是否积水。

(2)作业通道，作业通道上是否有障碍物。

(3)货物状态

①货物的摆放状态，如是否东倒西歪。

②货物的质量状态，如有否受潮、污染、锈蚀、发霉、干裂、虫蛀、鼠咬，甚至变质等。

③目测货物的数量状态，观察数量是否准确。

④检查货物的期限状态，如有无超过保管期限和长期积压的情况。

4. 库房温度

选择使用普通温度计、最高温度计或最低温度计测量库房温度，检查温度是否符合要求。

5. 相对湿度

选择使用干湿球温度计、毛发湿度计或自记湿度计测量库房温度，检查湿度是否符合要求。

6. 库房照明

照明是否能够满足仓库作业的要求，照明设施有否损坏等。

7. 用具管理

仓库的各项设备，如起重设备、叉车、货架、托盘等是否完好，设备养护是否合理；检查计量工具是否准确；检查通风机械是否正常等。

8. 消防通道

消防通道上是否有障碍物，是否通畅。

9. 库房门窗

10. 标志标识

检查货位、货架的标识是否清楚明白；检查货物账卡的记载是否准确，核对账、卡、物是否一致等。

11. 防盗措施与安全防护

检查各种安全措施是否落实到位，防火防盗的设备及器材和报警装置是否符合安全要求等。

12. 排水系统

检查排水系统是否顺畅，有无渗漏、堵塞情况。

(二)定期检查巡视

根据季节的变化进行检查。

(1)暑热季节到来前，对怕热商品的防热措施的重点检查。

(2)寒冬季节到来前，对防寒措施的重点检查。

(3)节假日前，组织安全措施的检查。

(三)临时性检查巡视

有灾害性气象预报时，或工作中发现问题时进行的临时检查。在暴风雨、台风天气到来前，检查建筑物是否能承受风雨袭击，避雷设施是否完好，排水设施是否通畅等，露天货场苫盖是否严密牢固，风雨过后检查有无损失等。

☞任务操作

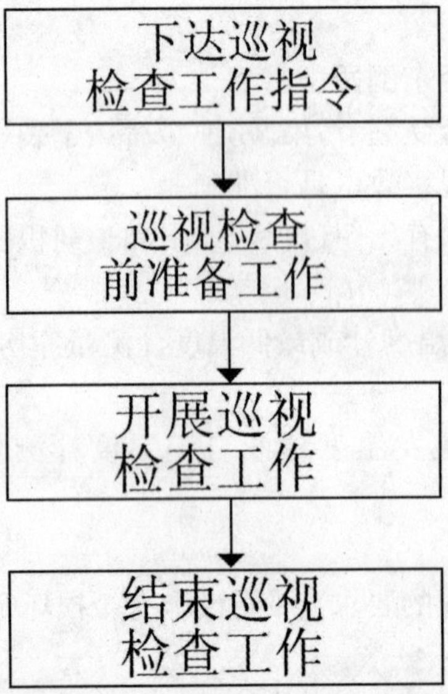

图 5-18　巡视检查作业流程图

步骤一：下达巡视检查工作指令

天气预报明天将有暴风雨，张诚经理安排柳如龙、柴真毅两人，下午14:30对配送中心进行巡视检查工作。

步骤二：巡视检查前准备工作

柳如龙、柴真毅领取巡视检查记录表，准备笔、纸等工具。巡视检查记录表如下：

表 5-6　　巡视检查记录表

序号	检查项目	是否正常	具体情况	处理意见	备注
1	库房清洁				
2	作业通道				
3	货物状态				
4	库房温度				
5	相对湿度				
6	库房照明				
7	用具管理				
8	消防通道				
9	库房门窗				
10	防盗措施				
11	标志标识				
12	员工出勤				
13	安全防护				
14	排水系统				
检查人签名					

注:检查项目正常请打√，若有问题，请填写具体情况，并给出处理意见。

步骤三:开展巡视检查工作

柳如龙、柴真毅两人根据巡视检查记录表的内容，对配送中心逐项开展巡视检查工作。全部的项目都检查完毕之后，发现存储区 A 区有两个灯管坏了，需要更换。于是，填写下表:

表 5-7　　巡视检查记录表

序号	检查项目	是否正常	具体情况	处理意见	备注
1	库房清洁	√			
2	作业通道	√			
3	货物状态	√			
4	库房温度	√			
5	相对湿度	√			
6	库房照明		存储区 A 区 两个灯管损坏	更换	
7	用具管理	√			
8	消防通道	√			
9	库房门窗	√			

续表

10	防盗措施	√			
11	标志标识	√			
12	安全防护	√			
13	排水系统	√			
检查人签名		柳如龙、柴真毅			

注:检查项目正常请打√,若有问题,请填写具体情况,并给出处理意见。

步骤四:结束巡视检查工作

柳如龙、柴真毅把填写好的巡视检查单交回给张诚经理,张诚经理根据巡视结果,安排后勤部门更换灯管。

☞任务评分

班级			姓名		小组		
任务名称		巡视检查作业					
考核内容		评价标准	参考分值(100)	学生自评	小组互评	教师评价	考核得分
职业素养情况	1	具有良好的沟通能力	5				
	2	具有信息搜集能力	5				
	3	在任务实施过程中具有较强的总结能力	10				
知识掌握情况	4	了解物品保管的方针	10				
	5	熟悉温湿度的调节控制方法	5				
	6	熟悉金属的防锈与除锈	10				
	7	熟悉霉变与虫害的防治	5				
能力提升情况	8	掌握巡视检查的工作类型	10				
	9	能够独立完成巡视检查作业	10				
	10	能够主动搜集所需信息,进行自主学习	10				
参与活动情况	11	积极参与任务实施	5				
	12	积极参与小组讨论	5				
	13	积极回答老师提问	10				
小计							
合计=自评*20%+互评*40%+教师评*40%							

操作习题作业

☞ 模拟案例

2015 年 2 月 17 日 8:30 分，张诚经理安排柴真毅，在 9:30 做好放假前的巡视检查工作。要求做到检查全面，落实到位，确保在过节期间，万无一失。

请按照案例要求，做模拟准备，完成巡视检查作业练习。

☞ 知识考核

一、单选题

1."以防为主，以治为辅，防治结合"是货物保管工作的(　　)。

A. 方针　　B. 核心　　C. 基础　　D. 任务

2. 就是用适当冷却的空气迅速地不间断地在食品间流动的方式(　　)。

A. 冷水冷却方式

B. 直接冷却方式

C. 强制通风方式

D. 冷风冷却方式

3. 通风除湿应尽量在晴天进行，风力不要超过 5 级，库外温度高于库内温度一般不能超过(　　)。

A. 6℃　　B. 4℃　　C. 5℃　　D. 3℃

二、多选题

1. 仓库保管遵循(　　)的保管原则。

A. 预防提前　　B. 以防为主　　C. 防治结合　　D. 治理有效

2. 仓库常用的密封方法有(　　)。

A. 货架密封　　B. 货垛密封　　C. 库内小室密封　　D. 整库密封

3. 巡视检查作业的类型(　　)。

A. 定期检查巡视

B. 临时性检查巡视

C. 日常检查巡视

D. 节假日检查巡视

三、判断题

1. 通常认为，物品在入库之后、出库之前处于储存阶段。　　(　　)

2. 毛皮应存放在干净、干燥的库房内，注意通风、隔热、防潮、又要防虫蛀、鼠咬、灰尘污染。　　(　　)

3. 吸湿剂去潮是仓库常用的方法，一般有生石灰、氯化钙、硅胶、煤炭、炉灰等。　　(　　)

任务三　盘点作业流程

☞ 任务目的

1. 了解盘点的目的；
2. 熟悉盘点方法；
3. 熟悉盘点作业的内容；
4. 掌握盘点作业流程；
5. 掌握盘点结果的处理方法。

☞ 任务内容

完成盘点工作

☞ 任务准备

模拟配送中心，准备：

配送中心管理系统1套、打印机1台。

☞ 任务分工

岗位	岗位职责	主要内容	技能要求与基本素质	对应人员
仓管员	岗前了解	了解盘点的目的； 熟悉盘点方法； 熟悉盘点作业的内容。	了解盘点的目的、方法、内容；具有较强的协调能力、沟通能力。	柴真毅
仓管员	完成盘点作业流程	掌握盘点作业流程； 掌握盘点结果的处理方法。	迅速、准确、高效的完成盘点作业工作；有团队合作意识。具有较强的协调能力、沟通能力。	柴真毅

☞ 任务资讯

一、商品盘点的目的

货品在库房中因不断的搬运和进出库，会产生库存账面数量容易与实际数量产生不符的现象。有些物品因存放时间过久、储存措施不恰当而变质、丢失等，造成损失。为了有效地掌握商品在库数量，需要对在库商品的数量进行清点，即盘点工作。盘点是保证储存货物达到账、货、卡完全相符的重要措施之一。仓库的盘点能够确保商品在库数量的真实性及各种商品的完整性。以下是商品盘点的目的：

(一)确定现存量

通过盘点可以查清实际库存数量，并确认库存商品实际数量与库存账面数量的差异。账面库存数量与实际库存数量不符的主要原因通常是收发作业中产生的误差，如记录库存数量时多记、误记、漏记；作业中导致的商品损坏、遗失；验收与出库时清点有误；盘点时误盘、重盘、漏盘等。如发现盘点的实际库存数量与账面库存数量不符时，应及时查清问题原因，并作出适当的处理。

(二)确认企业损益

库存商品的总金额直接反映企业库存资产的使用情况，库存量过大，将增加企业的库存成本。通过盘点，可以定期核查企业库存情况，从而提出改进库存管理的措施。

(三)核实商品管理成效。

通过盘点，可以发现呆品和废品及其呆、废品处理情况，存货周转率以及商品保管、养护、维修情况，从而采取相应的改善措施。

二、盘点方法

(一) 按盘点的种类

盘点分为账面盘点及现货盘点两种。

1. 账面盘点，又称永续盘点，就是把每天入库及出库商品的数量及单价，记录在电脑或账簿上，而后不断地累计加总算出账面上的库存量及库存金额。

2. 现货盘点，又称实地盘点，也就是实地去点数，调查仓库内商品的库存数，再依商品单价计算出库存金额的方法。

因而如要得到最正确的库存情况并确保盘点无误，最直接的方法是确定账面盘点与现货盘点的结果完全一致。如存在差异，即是产生账货不符的现象，就应分析寻找错误原因，弄清究竟是账面盘点记错还是现货盘点点错，划清责任归属。

(二)盘点的方法

1. 动态盘点法(又叫永续盘点)是指对有动态变化的商品即发生过收、发的商品，即时核对该批商品的余额是否与账、卡相符的一种盘点方法。动态盘点法有利于及时发现差错和及时处理。

2. 重点盘点法是指对商品进出动态频率高的，或者是易损耗的，或者是昂贵商品的一种盘点方法。

3. 全面盘点法是指对在库商品进行全面的盘点清查的一种方法。通常多用于清仓查库或年终盘点。盘点的工作量大，检查的内容多，把数量盘点，质量检查，安全检查结合在一起进行。

4. 循环盘点法是在每天、每周按顺序一部分一部分地进行盘点，到了月末或期末则每项商品至少完成一次盘点的方法。是指按照商品入库的前后顺序，不论是否发生过进出业务，有计划地循环进行盘点的方法。

5. 定期盘点法，又称期末盘点，是指在期末一起清点所有商品数量的方法。

期末盘点必须关闭仓库做全面性的商品的清点，因此，对商品的核对十分方便和准确，可减少盘点中不少错误，简化存货的日常核算工作。缺点是关闭仓库，停止业务会造成损失，并且动员大批员工从事盘点工作，加大了期末的工作量；不能随时反映存货收入、发出和结存的动态，不便于管理人员掌握情况；容易掩盖存货管理中存在的自然和人为的损失；不能随时结转成本。

采用循环盘点法时，日常业务照常进行，按照顺序每天盘点一部分，所需的时间和人员都比较少，发现差错也可及时分析和修正。其优点是对盘点结果出现的差错，很容易及时查明原因；不用加班，可以节约经费。两者可作以下比较，如表5－8所示。

表5－8　期末盘点与循环盘点的差异比较

比较内容＼盘点方式	期末盘点	循环盘点
时间	期末、每年仅数次	日常、每天或每周一次
所需时间	长	短
所需人员	全体动员（或临时雇用）	专门人员
盘点差错情况	多且发现很晚	少且发现很早
对营运的影响	须停止作业数天	无
对商品的管理	平等	A类重要商品：仔细管理 C类不重要商品：稍微管理
盘点差错原因追究	不易	容易

三、盘点作业的内容

（一）查数量

通过盘点查明库存商品的实际数量，核对库存账面数量与实际库存数量是否一致，这是盘点的主要内容。

（二）查质量

检查在库商品质量有无变化，包括：受潮、锈蚀、发霉、干裂、鼠咬，甚至变质情况；检查有无超过保管期限和长期积压现象；检查技术证件是否齐全，是否证物相符；必要时，还要进行技术检验。

（三）查保管条件

检查库房内外储存空间与场所利用是否恰当；储存区域划分是否明确，是否符合作业情况；货架布置是否合理；商品进出是否方便、简单、快速；工作联系是否便利；搬运是否方便；传递距离是否太长；通道是否宽敞；储区标志是否清楚、正确、有无脱落或不明显；有废弃物堆置区；温湿度是否控制良好。检查堆码是否合理稳固，苫垫是否严密，库房是否漏水，场地是否积水，门窗通风洞是否良好等等，即检查保管条件是否与各种商品的保管要求相符合。

（四）查设备

检查各项设备使用和养护是否合理；是否定期保养；储位、货架标志是否清楚明确，有无混乱；储位或货架是否充分利用；检查计量器具和工具，如皮尺、磅秤以及其他自动装置等是否准确，使用与保管是否合理，检查时要用标准件校验。

（五）查安全

检查各种安全措施和消防设备、器材是否符合安全要求；检查使用工具是否齐备、安全；药剂是否有效；商品堆放是否安全，有无倾斜；货架头尾防撞杆有无损坏变形；检查建筑物是否损坏而影响商品储存；对于地震、水灾、台风等自然灾害有无紧急处理对策等。

☞任务操作

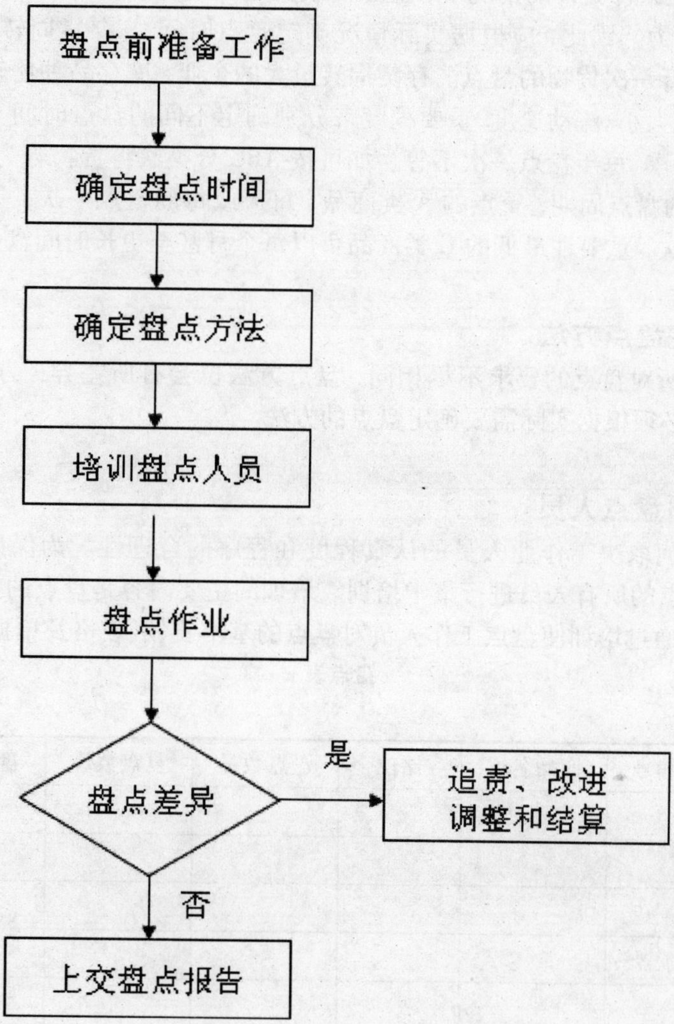

图 5－19　盘点作业流程图

步骤一：盘点前的准备工作

盘点前的准备工作是否充分，关系到盘点作业能否顺利进行。事先对可能出现的问题，对盘点工作中易出现的差错，进行周密的研究和准备是相当重要的。准备工作主要包括：

1. 确定盘点的程序和具体方法；

2. 配合会计人员做好盘点准备；

3. 设计、印制盘点用的各种表格；

4. 准备盘点使用的基本器具。

步骤二：确定盘点时间

一般情况下，盘点的时间选择在月末或财务决算前。

从理论上讲，在条件允许的情况下，盘点的次数越多越好。但每一次盘点，都要耗费大量的人力、物力和财力。因此，应根据实际情况确定盘点时间 。存货周转率比较低的企业，可以半年或一年进行一次货物的盘点。存货周转量大的企业，库存品种比较多的企业可以根据商品的性质、价值大小、流动速度、重要程度来分别确定不同的盘点时间。盘点时间可以是每天、每周、每月、每季、每年盘点一次不等。如可按 ABC 分类法将货物分为 A、B、C 不同的等级，分别制定相应的盘点周期，重点的 A 类商品，每天或每周盘点一次，一般的 B 类商品每两周或三周盘点一次，重要性最低的 C 类商品可以每个月甚至更长时间盘点一次。

步骤三：确定盘点方法

不同的储存场所对盘点的要求不尽相同，盘点方法也会有所差异，为尽可能快速、准确地完成盘点作业，必须根据实际需要确定盘点的方法。

步骤四：培训盘点人员

盘点的结果如何取决于作业人员的认真程度和程序的合理性。为保证盘点作业顺利进行，必须对参与盘点的所有人员进行集中培训。培训的主要内容是盘点的方法及盘点作业的基本流程和要求。通过培训使盘点工作人员对盘点的基本要领、表格及单据的填写十分清楚。

表 5 – 9　　盘点表

盘点日期：　　编号：

序号	商品编号	商品名称	储位	盘点数量	复盘数量	盘点人	复盘人
1							
2							
3							
4							
5							
……	……	……	……	……	……	……	……

步骤五：盘点作业

盘点工作开始时，首先要对储存场所及库存商品进行一次清理。清理工作主要包括：

1. 对尚未办理入库手续的商品，应予以表明，不在盘点之列；
2. 对已办理出库手续的商品，要提前通知有关部门，运到相应的配送区域；
3. 账卡、单据、资料均应整理后统一结清；
4. 整理商品堆垛、货架等，使其整齐有序，以便于清点计数；
5. 检查计量器具，使其误差符合规定要求；

6. 确定在途运输商品是否属于盘点范围。

盘点人员按照盘点单到指定库位清点商品，并且将数量填入盘点单中实盘数量处。使用盘点机进行盘点，可以采用以下两种方式：一是输入商品编码及数量；二是逐个扫描商品条码。

步骤六：盘点结果的处理

1. 盘点差异因素分析

当盘点结束后，发现账货不符时，应追查差异的原因。可以从以下因素着手：

（1）是否因记账员素质较低，记账及账务处理有误，或进、出库的原始单据丢失，盘点不佳导致账货不符；

（2）是否因盘点方法不当，漏盘、重盘或错盘；

（3）是否因盘点制度的缺点导致账货不符；

（4）是否因货账处理制度的缺点，导致商品数目无法表达；

（5）是否在容许范围之内；

（6）是否可事先预防，是否可以降低货账差异的程度。

表 5－10 商品盘点数量盈亏及价格增减更正表

年 月 日

<table>
<tr><th rowspan="3">商品名称</th><th rowspan="3">单位</th><th colspan="3">账面资料</th><th colspan="3">盘点实存</th><th colspan="4">数量盈亏</th><th colspan="4">价格增减</th><th rowspan="3">差异原因</th><th rowspan="3">责任人</th><th rowspan="3">备注</th></tr>
<tr><th rowspan="2">数量</th><th rowspan="2">单价</th><th rowspan="2">金额</th><th rowspan="2">数量</th><th rowspan="2">单价</th><th rowspan="2">金额</th><th colspan="2">盘盈</th><th colspan="2">盘亏</th><th colspan="2">增价</th><th colspan="2">减价</th></tr>
<tr><th>数量</th><th>金额</th><th>数量</th><th>金额</th><th>单价</th><th>金额</th><th>单价</th><th>金额</th></tr>
<tr><td></td><td></td><td></td><td></td><td></td><td></td><td></td><td></td><td></td><td></td><td></td><td></td><td></td><td></td><td></td><td></td><td></td><td></td><td></td></tr>
<tr><td></td><td></td><td></td><td></td><td></td><td></td><td></td><td></td><td></td><td></td><td></td><td></td><td></td><td></td><td></td><td></td><td></td><td></td><td></td></tr>
<tr><td></td><td></td><td></td><td></td><td></td><td></td><td></td><td></td><td></td><td></td><td></td><td></td><td></td><td></td><td></td><td></td><td></td><td></td><td></td></tr>
<tr><td></td><td></td><td></td><td></td><td></td><td></td><td></td><td></td><td></td><td></td><td></td><td></td><td></td><td></td><td></td><td></td><td></td><td></td><td></td></tr>
<tr><td></td><td></td><td></td><td></td><td></td><td></td><td></td><td></td><td></td><td></td><td></td><td></td><td></td><td></td><td></td><td></td><td></td><td></td><td></td></tr>
<tr><td></td><td></td><td></td><td></td><td></td><td></td><td></td><td></td><td></td><td></td><td></td><td></td><td></td><td></td><td></td><td></td><td></td><td></td><td></td></tr>
<tr><td></td><td></td><td></td><td></td><td></td><td></td><td></td><td></td><td></td><td></td><td></td><td></td><td></td><td></td><td></td><td></td><td></td><td></td><td></td></tr>
<tr><td></td><td></td><td></td><td></td><td></td><td></td><td></td><td></td><td></td><td></td><td></td><td></td><td></td><td></td><td></td><td></td><td></td><td></td><td></td></tr>
<tr><td></td><td></td><td></td><td></td><td></td><td></td><td></td><td></td><td></td><td></td><td></td><td></td><td></td><td></td><td></td><td></td><td></td><td></td><td></td></tr>
<tr><td></td><td></td><td></td><td></td><td></td><td></td><td></td><td></td><td></td><td></td><td></td><td></td><td></td><td></td><td></td><td></td><td></td><td></td><td></td></tr>
<tr><td></td><td></td><td></td><td></td><td></td><td></td><td></td><td></td><td></td><td></td><td></td><td></td><td></td><td></td><td></td><td></td><td></td><td></td><td></td></tr>
<tr><td></td><td></td><td></td><td></td><td></td><td></td><td></td><td></td><td></td><td></td><td></td><td></td><td></td><td></td><td></td><td></td><td></td><td></td><td></td></tr>
<tr><td></td><td></td><td></td><td></td><td></td><td></td><td></td><td></td><td></td><td></td><td></td><td></td><td></td><td></td><td></td><td></td><td></td><td></td><td></td></tr>
</table>

2. 盘点结果的处理

商品盘点差异原因追查清楚后，应针对主要原因进行调整与处理，制定解决方法：

（1）依据管理绩效，对分管人员进行奖惩；

(2)对废次品、不良品减价的部分，应视为盘亏；

(3)存货周转率低，占用金额过大的库存商品宜设法降低库存量；

(4)盘点工作完成以后，所发生的差错、呆滞、变质、盘亏、损耗等结果，应予以迅速处理，并防止以后再发生；

(5)呆滞品比率过大，宜设法研究，致力于降低；

呆滞品是百分之百的可用品，但是由于库存周转率极低，特别容易被忽视，久而久之积少成多，不但耗损商品价值、积压营运资金，而且占据可利用的库存空间。呆滞品可采取以下措施进行处理：打折出售、与其他公司进行以物易物的相互交易、修改再利用、调拨给其他单位利用。

(6)商品除了盘点时产生数量的盘亏外，有些商品在价格上会产生增减，这些差异经主管部门审核后，必须利用商品盘点盈亏及价格增减更正表修改。如表5－5所示。

☞ 任务评分

班级		姓名		小组			
任务名称	盘点作业流程						
考核内容		评价标准	参考分值（100）	学生自评	小组互评	教师评价	考核得分
职业素养情况	1	具有良好的沟通能力	5				
	2	具有信息搜集能力	5				
	3	在任务实施过程中具有较强的总结能力	10				
知识掌握情况	4	了解盘点的目的	10				
	5	熟悉盘点方法	5				
	6	熟悉盘点作业的内容	10				
	7	掌握期末盘点与循环盘点的差异	5				
能力提升情况	8	能够独立完成盘点作业	10				
	9	掌握盘点结果的处理方法	10				
	10	能够主动搜集所需信息，进行自主学习	10				
参与活动情况	11	积极参与任务实施	5				
	12	积极参与小组讨论	5				
	13	积极回答老师提问	10				
小计							
合计＝自评＊20%＋互评＊40%＋教师评＊40%							

操作习题作业

☞模拟案例

2015年2月17日11:00分，张诚经理要求柴真毅制订一个盘点计划，并组织好春节假期前，对重点货品开展盘点工作。要求做到检查全面，确保在过节期间，万无一失。重点货品盘点表如下：

表5-11　　重点货品盘点表

盘点日期：　　　　编号：

序号	商品编号	商品名称	储位	盘点数量	复盘数量	盘点人	复盘人
1	K21026	雀巢醇品速溶咖啡	B010103 B020102 B020304				
2	K21039	喜之郎优乐美巧克力奶茶	B030102 B040101 B030304 B040204				
……			……	……	……	……	……

请按照案例要求，根据实际情况，做好模拟准备，完成盘点作业练习。

☞知识考核

一、单选题

1. 盘点是指定期或临时对库存商品的(　　)进行清查、清点的作业。

A. 入库数量　　B. 账面数量　　C. 货架数量　　D. 实际数量

2. 盘点是保证储存货物达到(　　)完全相符的重要措施之一。

A. 卡、货　　B. 账、卡　　C. 账、货、卡　　D. 账、货

3. (　　)，又称实地盘点，也就是实地去点数，调查仓库内商品的库存数，再依商品单价计算出库存金额的方法。

A. 现货盘点　　B. 现场盘点　　C. 实地盘点　　D. 实货盘点

二、多选题

1. 盘点的目的有(　　)。

A. 核实商品管理成效

B. 确定现存量

C. 考核仓库管理绩效

D. 确认企业损益

2. 盘点种类分为(　　)。

A. 账面盘点　　B. 重点盘点　　C. 现货盘点　　D. 全面盘点

3. 盘点的方法有(　　)。

A. 账面盘点　　B. 重点盘点　　C. 现货盘点　　D. 全面盘点

三、判断题

1. 盘点作业较为简单，所以不必对参与盘点的所有人员进行集中培训。(　　)

2. 全面盘点法是指对在库商品进行全面的盘点清查的一种方法。通常多用于清仓查库或年终盘点。(　　)

3. 循环盘点法的优点是对盘点结果出现的差错，很容易及时查明原因；不用加班，可以节约经费。(　　)

模块六 补货作业

6

▶学习要点

1. 了解补货作业的定义；
2. 掌握补货作业时机；
3. 掌握补货作业的方式；
4. 熟悉补货作业的注意事项；
5. 能够独立完成补货作业。

▶案例导入

2015 年 3 月 3 日上午 8:00，张诚经理打电话给柴真毅，让他来办公室一趟。柴真毅一边走一边想，这一次张经理又交给我什么任务呢？推门走进张诚经理的办公室，张诚经理对柴真毅说："小柴，前面一段的工作干得不错，今天给你一个工作任务，10:00 有一次补货作业要完成，你先去准备一下。""好的，我会尽量做好。"柴真毅回答道。

任务一　补货作业认知

☞ 任务目的

1. 了解补货作业的定义；
2. 掌握补货作业时机；
3. 掌握补货作业的方式；
4. 熟悉补货作业的注意事项。

☞ 任务内容

什么是补货作业呢？柴真毅心里想着，看来得好好了解一下补货作业的内容，要不等会怎么完成补货作业呢？于是，柴真毅打开电脑，在网络上查找补货作业的相关资料。

☞ 任务准备

计算机、互联网

☞ 任务分工

岗位	岗位职责	主要内容	技能要求与基本素质	对应人员
岗前了解	无	了解补货作业的定义。	初步了解补货作业的定义； 熟悉办公软件的应用。	柴真毅
岗前了解	无	补货作业时机；补货作业的方式；补货作业的注意事项。	了解补货作业的时机； 掌握补货作业的方式； 熟悉补货作业的注意事项。	柴真毅

☞ 任务资讯

当拣货区的存货水平下降到预先设定的标准以后，补货人员就将需要补充的存货种类由保管区搬运至拣货区，然后拣货人员再将物品拣出，放到出库输送设备上运走。

补货作业与拣货作业息息相关，补货作业要根据订单需求制定详细计划，既要确保库存，又不能补充过量，而且还要将其安置在方便存取的位置。

☞ 任务操作

步骤一：补货作业的定义

补货作业包括从保管区域(Reserve Area)将货品移到另一个为了做订单拣取(Order Picking)的动管拣货区域(Home Area)，然后将此迁移作业做进一步处理的总称。简而言之，补货作业是将货物从仓库保管区域搬运到拣货区域的工作，其目的是保证拣货区有货可拣。

补货作业与拣货作业联系密切，补货作业要根据订单需求制定详细计划，不仅要确保库存，也不能补充过量，而且还要将其安置在方便存取的位置上（一般为补货缓存区）。

当拣货区的存货水平下降到预先设定的标准以后，补货人员就将需要补充的存货种类由保管区搬运至拣货区，然后拣货人员再将物品拣出，放到出库输送设备上运走。

步骤二：补货作业时机

补货作业的发生与否取决于拣货区的物品数量能否满足要求，因此，何时补货取决于拣货区的物品存量，同时也取决于临时补货对整个货品出库时间的影响。补货时机一般有以下三种方式。

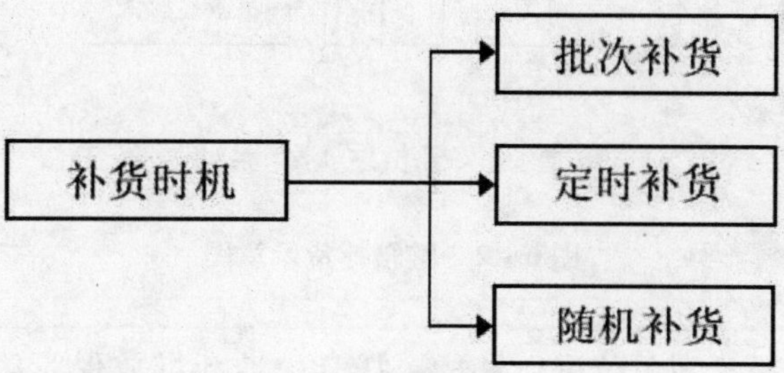

图 6－1　补货作业时机

1. 批次补货

批次补货是指在每天或每一批次拣取之前，经电脑计算所需货品的总拣取量和拣货区的货品量，计算出差额并在拣货作业开始前补足货品。这种补货原则比较适合于一天内作业量变化不大、紧急追加订货不多，或是每一批次拣取量需事先掌握的情况。

2. 定时补货

将每天划分为若干个时段，补货人员在时段内检查拣货区货架上的货品存量，如果发现不足，马上予以补足。这种"定时补足"的补货原则，较适合分批拣货时间固定且处理紧急追加订货的时间也固定的情况。

3. 随机补货

随机补货是一种指定专人从事补货作业的方式，这些专门的补货人员随时巡视拣货区的货品存量，发现不足随时补货。此种"不定时补足"的补货原则，较适合于每批次拣取量不大、紧急追加订货较多，以至于一天内作业量不易事前掌握的场合。

以上 3 种补货方式在实际工作中不会一成不变，会根据实际需要结合使用、灵活应对。

步骤三：补货作业的方式

1. 整箱补货

由货架保管区补货到流动货架的拣货区。这种补货方式的保管区为货架储放区，动管拣货区为开放式的流动货架拣货区。拣货员拣货之后把货物放入输送机并运到发货区，当动管区的存货低于设定标准时，则进行补货作业。这种补货方式由作业员到货架保管区取货箱，用手推车载箱至拣货区。较适合于体积小且少量多样出货的货品。

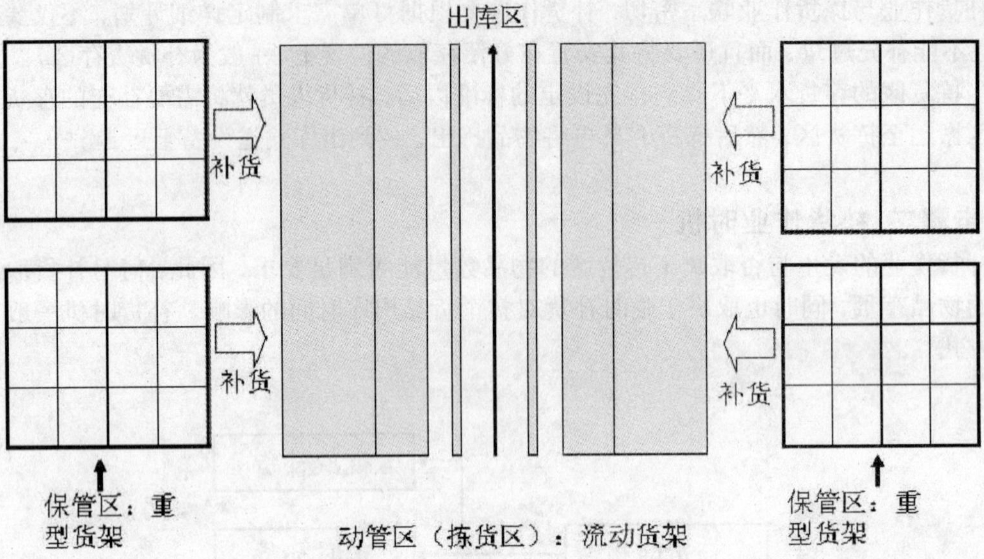

图6－2　整箱补货示意图

2. 托盘补货

这种补货方式是以托盘为单位进行补货。托盘由地板堆放保管区运到地板堆放动管区，拣货时把托盘上的货箱置于中央输送机送到发货区。当存货量低于设定标准时，立即补货，使用堆垛机把托盘由保管区运到拣货动管区，也可把托盘运到货架动管区进行补货。这种补货方式适合于体积大或出货量多的货品。

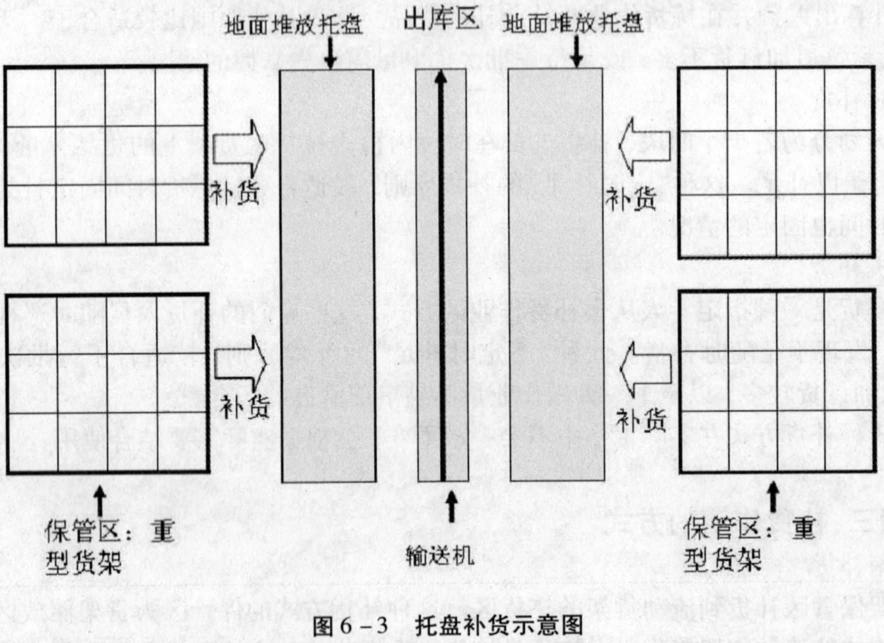

图6－3　托盘补货示意图

3. 货架上层——货架下层的补货方式

此种补货方式保管区与动管区属于同一货架，也就是将同一货架上的中下层作为动管区，上层作为保管区，而进货时则将动管区放不下的多余货箱放到上层保管区。当动管区的存货低于设定标准时，利用堆垛机将上层保管区的货物搬至下层动管区。这种补货方式适合于体积不大、存货量不高，且多为中小量出货的货物。

图6-4 货架上层——货架下层

步骤四:补货作业的注意事项

1. 准确把握补货时机。
2. 补货时商品的品名、规格要与流动货架上的品名、规格相符。放置货物时位置要对齐。
3. 货物摆放要整齐，便于拣货。
4. 坚持“先进先出”的原则。
5. 补货时轻拿轻放，防止摔坏商品。

☞ 任务评分

班级			姓名		小组		
任务名称		补货作业认知					
考核内容		评价标准	参考分值（100）	学生自评	小组互评	教师评价	考核得分
职业素养情况	1	具有良好的沟通能力	5				
	2	具有信息搜集能力	5				
	3	在任务实施过程中具有较强的总结能力	10				

续表

知识掌握情况	4	了解补货作业的定义	10				
	5	掌握补货作业时机	5				
	6	掌握补货作业的方式	10				
	7	熟悉补货作业的注意事项	5				
能力提升情况	8	根据实际情况，选择合适的补货时间	10				
	9	根据实际情况，选择合适的补货方式	10				
	10	能够主动搜集所需信息，进行自主学习	10				
参与活动情况	11	积极参与任务实施	5				
	12	积极参与小组讨论	5				
	13	积极回答老师提问	10				
小计							
合计=自评*20%+互评*40%+教师评*40%							

操作习题作业

☞ 知识考核

一、单选题

1. 补货作业是将货物从仓库(　　)搬运到拣货区的工作，其目的是保证拣货区有货可拣。

A. 流通加工区域　　B. 入库区域　　C. 保管区域　　D. 退货区域

2. (　　)适合于一天内作业量变化不大、紧急追加订货不多，或是每一批次拣取量需事先掌握的情况。

A. 批次补货　　B. 定时补货　　C. 随机补货　　D. 按需补货

3. (　　)由作业人员到货架保管区取货箱，用手推车载箱至拣货区。

A. 货架下层—货架上层补货方式

B. 托盘补货

C. 货架上层—货架下层的补货方式

D. 整箱补货

二、多选题

1. 补货时机一般有以下三种方式(　　)。

A. 批次补货　　B. 定时补货　　C. 随机补货　　D. 按需补货

2. 补货作业的方式有(　　)。
A. 货架左边——货架右边补货方式
B. 托盘补货
C. 货架上层——货架下层的补货方式
D. 整箱补货
3. 补货时应该注意(　　)。
A. 摆放要整齐
B. 轻拿轻放
C. 防止摔坏商品
D. 坚持“先进先出”的原则

三、判断题
1. 补货方式在实际工作中是一成不变。　(　　)
2. 托盘补货适合于体积大或出货量多的货品。　(　　)
3. 补货时商品的品名、规格要与流动货架上的品名、规格相符。　(　　)

任务二　补货作业流程

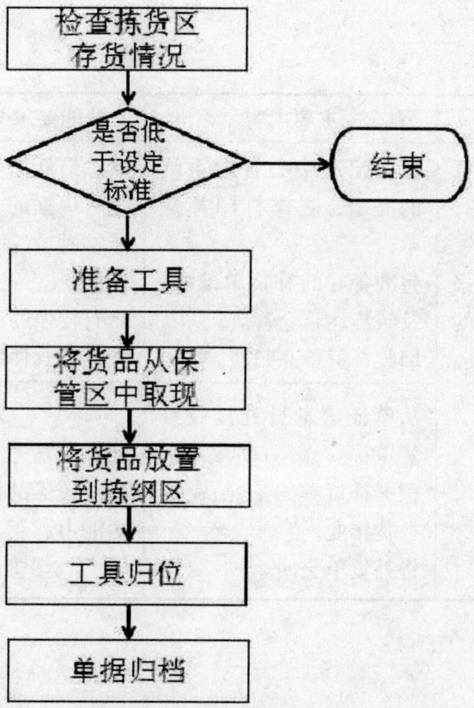

图 6－5　补货作业流程图

☞ 任务目的

1. 了解补货作业流程;
2. 熟悉最低库存的概念;
3. 能够独立完成补货作业。

☞ 任务内容

2015 年 3 月 3 日上午 10:00，单证信息员刘晓红，把一张补货单交给柴真毅，让他完成一次补货作业。补货单具体如下:

表 6－1 补货单

日期:2015 年 3 月 3 日　　NO:B20150303005

序号	商品编号	商品名称	规格	包装	数量	取货储位	补货储位
1	K21026	雀巢醇品速溶咖啡	200g*24 罐	箱	26	B010103	C050203
2	K21039	喜之郎优乐美巧克力奶茶	24 杯	箱	20	B030102	C060304

仓管员:　　信息员:

注:C 区为拣货区

☞ 任务准备

模拟配送中心，准备:

配送中心管理系统 1 套、打印机 1 台、货架、货品若干。

☞ 任务分工

岗位	岗位职责	主要内容	技能要求与基本素质	对应人员
单证信息员	负责补货信息的录入和打印、回收; 负责信息的报送，确保信息的准确性、及时性。	根据配送中心管理系统的提示，制作打印补货单; 将准备好的补货单准确、及时传达给仓管员; 回收补货单并归档。	熟悉最低库存量的概念; 理解单据的含义与重点、能够独立完成表单的制作; 具有较强的沟通能力，熟悉办公软件的应用。	刘晓红
仓管员	接收补货单; 完成补货作业。	从单证信息员处接收补货单; 根据补货单的信息;完成补货作业; 将补货单交回。	能够独立完成补货作业; 具有较强的协调能力、沟通能力。	柴真毅

☞ 任务资讯

补货作业有助于使库存保持在一定的水平，补货作业对保持拣货作业会起到辅助作用，补货作业做得及时准确，将有助于拣货作业顺利进行。

在进行补货准备时首先要制订补货策略。当库存数量低于最低库存数量时，在补货报表中可以查看到库存信息，但是，该项条目是不会生成请购单或者采购单的。所以，为了管理维护的方便，一般把补货策略选择为“维护最低库存数量”。若发现企业实际库存数量低于设置的最低库存数量时，就可以根据补货报表的内容生成请购单或者采购单。

最低库存数量就是指根据用户需要确定的货物的具体最低安全库存数量。在大多数企业中，这个最低安全库存数量不是一成不变的。特别是一些季节性差异比较明显的产品，有时候可能在某一个特殊的时节，要确定比较多的安全库存数量；而在淡季时，则要确定较少的安全库存数量。所以，用户可以多准备几个最低安全库存数量，根据不同的时节，采用不同的数量。

☞ 任务操作

步骤一：检查拣货区存货情况

2015 年 3 月 3 日上午 8:00，单证信息员刘晓红在操作配送中心管理系统时，发现拣货区有两种货品已经低于预先设定的最低库存数量。计划在 10:00 时安排一次补货作业。

步骤二：准备工具

2015 年 3 月 3 日上午 10:00，柴真毅从刘晓红处领取了补货单后，开始进行补货的准备工作。首先，是要清理货物拣取后所留下的空包装盒、空托盘和其他的装卸辅助材料。其次，准备空托盘、地牛、笔、纸。

步骤三：将货品从保管区中取出

柴真毅根据补货单的指示，来到保管区 B010103 储位，仔细核对条码、名称、编号、规格、数量等信息，并检查外包装是否完好，取出雀巢醇品速溶咖啡 36 箱，

步骤四：将货品放置到拣货区

柴真毅使用地牛，将货品拉到拣货区，找到 C050203 储位，并把其中的 10 箱放入该储位，其余 16 箱放到补货暂存区。

重复步骤三、四，将喜之郎优乐美巧克力奶茶 7 箱放到 C060304 储位，13 箱放到补货暂存区。

注：单个货品较多时，分别对每个货品补货；单个货品数量较少时，可多个货品同时操作。

步骤五：工具归位

柴真毅将地牛，空托盘放回到工具区。

步骤六：单据归档

柴真毅在补货单签上自己的名字后，交给单证信息员刘晓红。刘晓红确认该补货作业已经完成，并签上自己的名字。

☞ 任务评分

<table>
<tr><td colspan="2">班级</td><td></td><td>姓名</td><td colspan="2"></td><td colspan="2">小组</td></tr>
<tr><td colspan="2">任务名称</td><td colspan="6">补货作业流程</td></tr>
<tr><td colspan="2">考核内容</td><td>评价标准</td><td>参考
分值
（100）</td><td>学生
自评</td><td>小组
互评</td><td>教师
评价</td><td>考核
得分</td></tr>
<tr><td rowspan="3">职业
素养
情况</td><td>1</td><td>具有良好的沟通能力</td><td>5</td><td></td><td></td><td></td><td></td></tr>
<tr><td>2</td><td>具有信息搜集能力</td><td>5</td><td></td><td></td><td></td><td></td></tr>
<tr><td>3</td><td>在任务实施过程中具有较强的总结能力</td><td>10</td><td></td><td></td><td></td><td></td></tr>
<tr><td>知识
掌握
情况</td><td>4</td><td>了解最低库存量的概念</td><td>15</td><td></td><td></td><td></td><td></td></tr>
<tr><td rowspan="3">能力
提升
情况</td><td>5</td><td>掌握补货作业流程</td><td>15</td><td></td><td></td><td></td><td></td></tr>
<tr><td>6</td><td>能够独立完成补货作业</td><td>20</td><td></td><td></td><td></td><td></td></tr>
<tr><td>7</td><td>能够主动搜集所需信息，进行自主学习</td><td>10</td><td></td><td></td><td></td><td></td></tr>
<tr><td rowspan="3">参与
活动
情况</td><td>8</td><td>积极参与任务实施</td><td>5</td><td></td><td></td><td></td><td></td></tr>
<tr><td>9</td><td>积极参与小组讨论</td><td>5</td><td></td><td></td><td></td><td></td></tr>
<tr><td>10</td><td>积极回答老师提问</td><td>10</td><td></td><td></td><td></td><td></td></tr>
<tr><td colspan="4">小计</td><td></td><td></td><td></td><td></td></tr>
<tr><td colspan="4">合计 = 自评 * 20% + 互评 * 40% + 教师评 * 40%</td><td colspan="4"></td></tr>
</table>

操作习题作业

☞ 模拟案例

2015 年 3 月 4 日 9:00 分，刘晓红根据配送中心管理系统中的最低库存量指示，发现康师傅天然水、康师傅红烧牛肉面两种货品拣货区库存量已经降低至最低库存量，于是，生成一张补货单，并要求柴真毅立即完成补货作业。

表 6－2　补货单

日期：2015 年 3 月 4 日

NO：B20150304002

序号	商品编号	商品名称	规格	包装	数量	取货储位	补货储位
1	K61025	康师傅天然水	550ml＊24	箱	30	B050102	C020301
2	K32587	康师傅红烧牛肉面	103g＊24	箱	32	B020103	C040302

仓管员：　　　　信息员：

请按照案例要求，做模拟准备，完成补货作业练习。

模块七 7
拣货作业

▶学习要点

1. 了解拣货作业的定义；
2. 熟知拣货作业方式及拣货单位划分；
3. 掌握拣货作业的方法；
4. 理解拣货作业的设施及系统；
5. 掌握拣货作业运用的策略。

▶案例导入

2015 年 3 月 16 日上午 9:00，柴真毅来到张诚经理的办公室，汇报上周的学习工作情况，张诚经理很认真地听完了柴真毅的报告，说："小柴，上一周的工作你完成得很好，接下来就安排你学习拣货作业，下午 14:30 你到刘晓红那边领取拣货单自己做一遍，有什么不懂的，可以请教柳如龙。""好的，保证完成任务。"柴真毅回答道。

任务一　拣货作业认知

☞ 任务目的

1. 了解拣货作业的定义；
2. 掌握拣货作业方式；
3. 熟知拣货作业的设施；
4. 熟知拣货作业的单位划分；
5. 掌握拣货作业的策略。

☞ 任务内容

柴真毅回到自己的办公桌前，打开电脑，开始查找拣货作业的资料。小柴暗想，下午可就要开始学习拣货作业了，如果我对拣货作业的内容一无所知，岂不是太丢人了。

☞任务准备

计算机、互联网

☞任务分工

岗位	岗位职责	主要内容	技能要求与基本素质	对应人员
岗前了解	无	初步了解拣货作业	了解拣货作业的定义；熟知拣货作业的设施。	柴真毅
岗前了解	无	掌握拣货作业的任务	掌握拣货作业方式；熟知拣货作业的单位划分；掌握拣货作业的策略。	柴真毅

☞任务资讯

拣货作业是按照客户订单的要求或出库单的要求将商品挑选出来，并放在指定的位置的物流作业活动。商品的入库是批量到货，并且相同的品种存放在一起。而客户的订单包含多种不同商品品种，拣货作业就是要按照订单的要求，用最短的时间和最少的作业将商品准备好。

随着市场竞争日趋激烈，零售点对于商品配送的需要，转为多样少量、高频率的配送方式。为了满足如便利商店、百货公司、超级市场、量贩店的配送方式，使得整个拣选作业更趋于复杂化。

对于如何满足客户，以达到“在正确的时间内，将正确的商品及数量，以最好的产品状态与服务品质，在最低的运送成本下，送到正确的场地给正确的客户。”这依赖于整个仓库或配送中心各项作业的相互配合。但不可否认的是，拣选作业的快慢及正确与否，将直接影响对客户的服务品质。

☞任务操作

步骤一：拣选作业方式

拣货作业是出货作业的第一步，目的是根据客户订单按货物品种、规格、数量等要求在仓库中进行拣选。

传统物流对这一环节采用的是人工目视分拣的方法，作业效率低，尤其在拣货量大的情况下无法保证分拣的准确性，统计数据表明这种方式分拣的出错率为1/300 。当前，应用现代信息技术一般会采用以下方式进行拣货：

1. 自动分拣系统。这种系统可在最短的时间内对货物按照类别、货主、具体储位、到达地点、到达时间等进行快速准确的分类，并按照配送地点的不同输送至不同的出货口等候装车。但由于这种方式对设备和仓储设施的要求高，同时对货物的外包装也有较高要求，因此，投资额度高，不易推广。

图 7－1　自动分拣系统

2. 采用人工结合条码扫描技术。进行拣货时计算机信息系统依据订单打印出拣货单，仓储管理员手持无线条码采集终端（POT），按照拣货单指定的库位、货物及数量进行提取，作业时利用 POT 扫描货物条码获取数据，做到实物的数据资料及时登录，留待出货核查和处理货物的移动。货物则从货架上卸下放置于车辆或者传送带上，进入下一个环节。这种方式虽比前一种方式稍慢，但能确保分拣作业的准确性，而且相对于传统手工分拣作业，验货效率有大幅提升，其速度仍然以几何级数增长，同时省去了建设自动化仓库的巨额投资。

步骤二：拣货作业的设施

在拣货过程中所使用的设备很多，如：储存设备，搬运设备，信息设备等。通过使用高效的拣货设备可以大大地提高配货效率。

图 7－2　人至物前拣货

1. 人至物的拣货设备

这是指物品固定，拣货人到物品位置处把物品拣出来的工作方式。大概分以下几类：

(1) 储存设备。托盘货架、轻型货架、储柜、流动货架、高层货架、数位显示货架。

(2) 搬运设备。无动力台车、动力台车、动力牵引车、堆垛机、拣选车、搭乘式存取机、无动力输送机、动力输送机、计算机辅助台车。

2. 物至人的拣货设备

这与人至物的拣选方法相反，拣货人员固定位置，等待设备把货品运到拣货者面前进行拣货。这种拣货设备的自动化水平较高，本身附有动力，所以能移动货品储位或把货品取出。这种拣货设备包括如下储存设备和搬运设备：

(1) 储存设备。单元负载自动仓库、轻负载自动仓库、水平旋转自动仓库、垂直旋转自动仓库、梭车式自动仓库。

(2) 搬运设备。堆垛机、动力输送带、无人搬运车。

图 7－3　物至人前拣货

3. 自动拣货系统

除上述两种拣货设备之外，还有一种就是自动拣货系统。其拣货无人介入，自动进行。其中又包括箱装自动拣货系统和单品拣货系统两种。

图 7－4　自动分拣系统

步骤三：拣货作业的单位划分

基本上，拣货单位可分成托盘（又称栈板，以下称托盘）、箱、单品、特殊品等四种。一般而言以托盘为拣货单位的体积及重量最大，其次为箱，最小单位为单品，为了能够做出明确的判别，进一步作以下划分：

1. 单品

拣货的最小单位，单品可由箱中取出，可以用人手单手拣取者。

图 7－5　单品包装

2. 箱

由单品所组成，可由托盘上取出，人手必须用双手拣取者。

图 7-6　整箱货品

3. 托盘

由箱叠托盘而成，无法用人手直接搬运必须利用堆高机、液压托盘搬运车、叉车等机械设备。

图 7-7　整托货品

4. 特殊品

体积大形状特殊，无法按托盘、箱归类，或必须在特殊条件下作业者，如大型家俱、桶装油料、长杆形货物、冷冻货品等等，都属于具有特殊的商品特性，拣货系统的设计将严格受限于此。

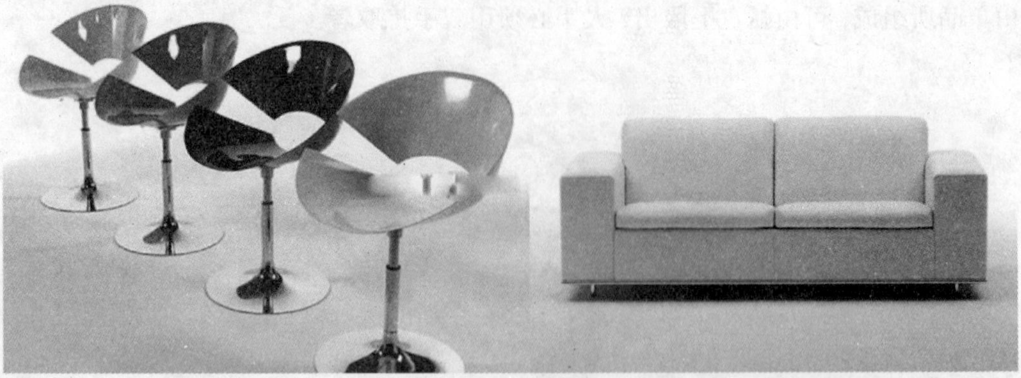

图 7－8　家俱

图 7－9　桶装油料

拣货单位是根据订单分析出来的结果而作决定的，如果订货的最小单位是箱，则不要以单品为拣货单位。库存的每一品项皆须作以上的分析，以判断出拣货的单位，但一些品项可能因为重要而有两种以上的拣货单位，则在设计上要针对每一种情况作分区的考虑。

图 7－10　无线条码采集终端

步骤四：拣货作业的策略

1. 按订单拣货

按订单拣货作业方式是按照每一张订单的品种和数量的要求，依次将客户所需求的商品由存放位置挑选出来的方式，是较传统的拣货方式。这种方式适用于：单张订单货物数量较多，商品品项较少的连锁企业。

（1）按订单拣货作业的优点

①作业方法简单；

②实施容易且弹性大；

③拣完货后不用再进行分类作业，适用于大量订单的处理；

④工作人员责任明确；

⑤相关文件准备时间较短。

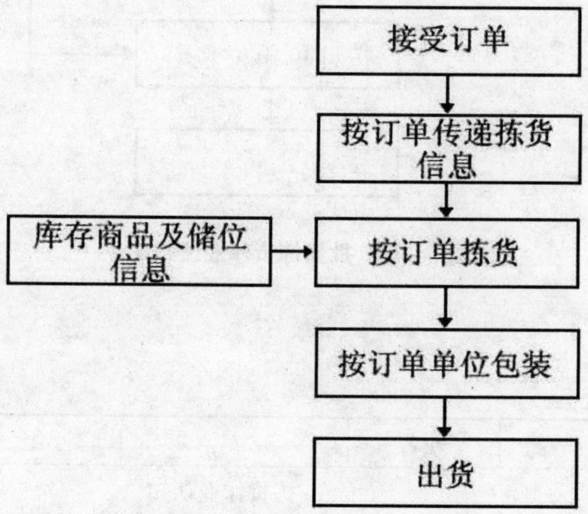

图 7－11　按订单拣货作业流程

（2）按订单拣货作业的缺点

①拣货区域大时，补货及搬运的系统设计困难；

②商品品种多时，拣货行走路径加长，拣货效率降低。

2. 批量拣货

把多张订单汇集成一批，按商品类别及品种将数量相加后先进行初次拣货，然后再按照单一订单的要求将货品分配至每一张订单。

（1）批量拣货作业的优点

①可以缩短拣货时行走搬运的距离，增加单位时间的拣货量；

②适用于订单数量庞大的系统。

（2）批量拣货作业的缺点

对订单的到来无法做立刻的反映，必须订单累积到一定数量时才做一次处理。因此会有停滞的时间产生。批量拣货后还要进行再分配，增加人工搬运次数。

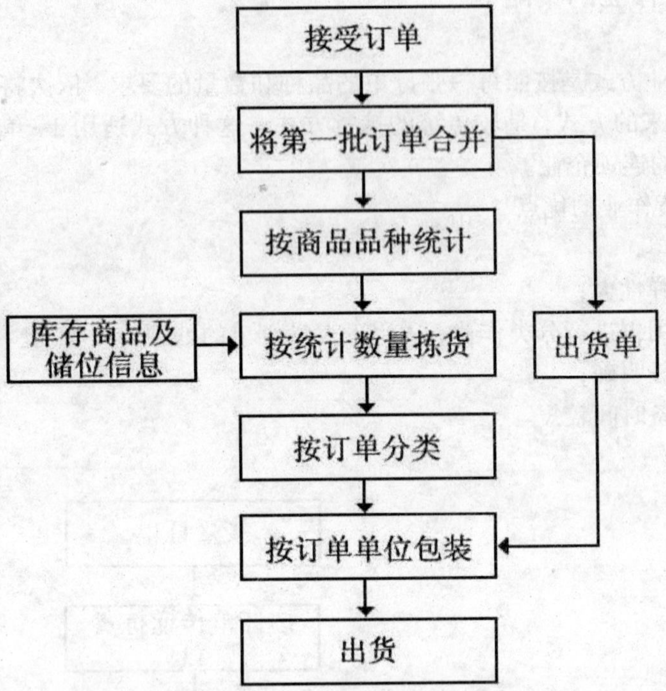

图 7－12　批量拣货作业流程图

☞ 任务评分

班级			姓名		小组		
任务名称		拣货作业认知					
考核内容		评价标准	参考分值（100）	学生自评	小组互评	教师评价	考核得分
职业素养情况	1	具有良好的沟通能力	5				
	2	具有信息搜集能力	5				
	3	在任务实施过程中具有较强的总结能力	10				
知识掌握情况	4	了解拣货作业的定义	10				
	5	掌握拣货作业方式	5				
	6	熟知拣货作业的设施	10				
	7	熟知拣货作业的单位划分	5				

续表

能力提升情况	8	掌握按订单拣货策略	10				
	9	掌握批量拣货策略	10				
	10	能够主动搜集所需信息，进行自主学习	10				
参与活动情况	11	积极参与任务实施	5				
	12	积极参与小组讨论	5				
	13	积极回答老师提问	10				
小计							
合计 = 自评 * 20% + 互评 * 40% + 教师评 * 40%							

操作习题作业

☞ 知识考核

一、单选题

1. 拣货作业是按照的(　　)要求或出库单的要求将商品挑选出来，并放在指定的位置的物流作业活动。

A. 进货计划作业　　B. 客户订单　　C. 补货单　　D. 拣货单

2. (　　)是指物品固定，拣货人到物品位置处把物品拣出来的工作方式。

A. 人至物的拣货设备

B. 物至人的拣货设备

C. 自动拣货系统

D. 半自动拣货系统

3. (　　)作业方式是按照每一张订单的品种和数量的要求，依次将客户所需求的商品由存放位置挑选出来的方式。

A. 摘取式拣货　　B. 批量拣货　　C. 按订单拣货　　D. 播种式拣货

二、多选题

1. 拣货作业是出货作业的第一步，目的是根据客户订单按货物(　　)等要求在仓库中进行拣选。

A. 尺寸　　B. 品种　　C. 规格　　D. 数量

2. 一般来说，拣货单位可分为(　　)。

A. 托盘　　B. 箱　　C. 单品　　D. 特殊品

3. 拣货作业的策略有(　　)。

A. 按订单拣货　　B. 批量拣货　　C. 摘取式拣货　　D. 播种式拣货

三、判断题

1. 拣选作业的快慢及正确与否，将直接影响对客户的服务品质。（　　）

2. 按订单拣货作业方式的优点：作业方法简单、实施容易且弹性大、拣完货后不用再进行分类作业，商品品种多时也适用。（　　）

3. 批量拣货的缺点对订单的到来无法做立刻的反映，必须订单累积到一定数量时才做一次处理。（　　）

任务二　摘果式拣货作业流程

☞ 任务目的

1. 了解摘果式拣货作业的方式；
2. 熟知摘果式拣货作业的优缺点；
3. 掌握摘果式拣货作业流程；
4. 能够独立完成摘果式拣货。

☞ 任务内容

2015 年 3 月 16 日下午 14:30，柴真毅从单证信息员刘晓红处领取了一张摘果式拣货单，然后找到柳如龙，让柳如龙指导他完成此次摘果式拣货作业。

表 7－1　**摘果式拣货单**

日期：2015 年 3 月 16 日　　NO：ZG2015031627

信 息 员：刘晓红　　出库区位：C18

客户名称：沃尔玛公司 A 店　　联系电话：0773－3618×××

序号	商品编号	商品名称	规格	包装	数量	储位	备注
1	K61025	康师傅天然水	550ml＊24	箱	2	C020301	
2	K32587	康师傅红烧牛肉面	103g＊24	箱	6	C040302	
3	K21026	雀巢醇品速溶咖啡	200g＊24 罐	箱	4	C050203	
4	K21039	喜之郎优乐美巧克力奶茶	24 杯	箱	6	C060304	

拣货员：　　复核员：

☞ 任务准备

模拟配送中心，准备：

配送中心管理系统 1 套、打印机 1 台、货架、货品若干。

☞ 任务分工

岗位	岗位职责	主要内容	技能要求与基本素质	对应人员
单证信息员	负责拣货信息的录入和打印、回收；负责信息的报送，确保信息的准确性、及时性。	根据客户订单信息录入打印摘果式拣货单；将准备好的补货单准确、及时地传达给拣货员。回收拣货单并归档。	理解单据的含义与重点、能够独立完成表单的制作；具有较强的沟通能力，熟悉办公软件的应用。	刘晓红
拣货员	完成摘果式拣货作业。	领取拣货单据；按单拣货；拣货后送货到出库区指定位置；交回拣货单。	能够独立完成摘果式拣货作业；具有较强的协调能力、沟通能力。	柴真毅

☞ 任务资讯

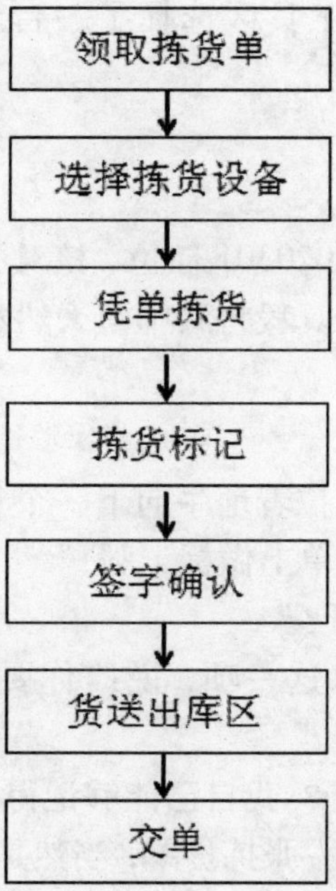

图 7－13　摘果式拣货作业流程

摘果式拣货作业要求拣选人员巡回于仓库内，一次将一个订单的所有货物从头到尾拣取并集中的方式，是较传统的拣选方式。

1. 摘果式拣货作业的优点

(1)一个订单在拣选后一次完成不必在分选、合并；

(2)作业方法简单；

(3)提前期短;

(4)导入容易且弹性大;

(5)适用于大量订单的处理。

2. 摘果式拣货作业的缺点

(1)商品品种多时，拣选行走路径加长，拣取效率降低;

(2)多个工人同时拣取不同的大数量订单时，会在通道处产生拥挤现象;

(3)拣选区域大时，搬运系统设计困难。

☞ 任务操作

步骤一:领取拣货单

柴真毅到单证室刘晓红处领取一张摘果式拣货单。如表 7-2。

步骤二:选择拣货设备

柴真毅拿着摘果式拣货单仔细看了看，然后身旁的柳如龙告诉柴真毅:“这些货品体积比较大，重量比较重，你应该选择使用托盘和地牛来拣取货品。如果是重量比较轻、体积比较小的话，可以使用手推车。”

柴真毅按照柳如龙的指导，到工具区选择了一台地牛和一个空托盘，用地牛拉着空托盘。

步骤三:凭单拣货

柳如龙带着柴真毅来到拣货区 C020301 储位，核对了一下储位上的货品与拣货单上的货品是否是同一货品。在确认之后，柴真毅将康师傅天然水 2 箱搬到托盘上。

步骤四:拣货标记

柴真毅拣完这个货品之后，就想拉着地牛向下一个货品所在的方向走过去。这时，柳如龙说道:“小柴，先别走，还没在拣货单上做标记呢!”

柴真毅回到:“还要做什么标记呀?”

柳如龙指着拣货单康师傅天然水这一项，说:“你要在这一项货品后面画一个‘√’做一个标记，说明这个货品已经拣取过了。”

柴真毅满不在乎的说:“就这个呀? 我自己能够记得住，不用标记也行。”

柳如龙解释道:“如果你只是完成一张拣货单，当然是可以。但是，每个拣货员要完成很多单据，要拣取很多货品，如果不做标记，很容易就忘了这个货品是否拣取过。”“原来是这样!”

柴真毅恍然大悟，于是，用笔在康师傅天然水这一项货品后打了个“√”，然后，他又开始向下一个货品所在的方向走过去。

表 7－2　　摘果式拣货单

日期:2015 年 3 月 16 日　　NO:2015031627

信息员:刘晓红　　出库区位:C18

客户名称:沃尔玛公司 A 店　　联系电话:0773－3618168

序号	商品编号	商品名称	规格	包装	数量	储位	备注
1	K61025	康师傅天然水	550ml＊24	箱	2	C020301	√
2	K32587	康师傅红烧牛肉面	103g＊24	箱	6	C040302	
3	K21026	雀巢醇品速溶咖啡	200g＊24 罐	箱	4	C050203	
4	K21039	喜之郎优乐美巧克力奶茶	24 杯	箱	6	C060304	

拣货员:　　复核员:

步骤五:签字确认

重复步骤三、步骤四，柴真毅已经按照拣货单拣取了所有的货品，然后在“拣货员栏”签上自己的名字。如下表:

表 7－3　　摘果式拣货单

日期:2015 年 3 月 16 日　　NO:2015031627

信息员:刘晓红　　出库区位:C18

客户名称:沃尔玛公司 A 店　　联系电话:0773－3618168

序号	商品编号	商品名称	规格	包装	数量	储位	备注
1	K61025	康师傅天然水	550ml＊24	箱	2	C020301	√
2	K32587	康师傅红烧牛肉面	103g＊24	箱	6	C040302	√
3	K21026	雀巢醇品速溶咖啡	200g＊24 罐	箱	4	C050203	√
4	K21039	喜之郎优乐美巧克力奶茶	24 杯	箱	6	C060304	√

拣货员:柴真毅　　复核员:

步骤六:货送出库区

柴真毅签完名之后，有点茫然，这货是拣货完了，可是放到什么地方去呢？于是，他问柳如龙:“柳师傅，这个货品要送到哪里去呀?”柳如龙指着“拣货单上出库区”一栏说:“你要把货品放到出库区的 C18 位。”“原来如此。”柴真毅恍然大悟。

柴真毅把货品送到出库区 C18 位。

步骤七:交单

柴真毅返回单证信息室，将拣货单交回。

☞ 任务评分

班级		姓名		小组			
任务名称	摘果式拣货作业流程						
考核内容		评价标准	参考分值（100）	学生自评	小组互评	教师评价	考核得分
职业素养情况	1	具有良好的沟通能力	5				
	2	具有信息搜集能力	5				
	3	在任务实施过程中具有较强的总结能力	10				
知识掌握情况	4	了解摘果式拣货作业	10				
	5	熟知摘果式拣货作业的优点	5				
	6	熟知摘果式拣货作业的缺点	10				
	7	掌握摘果式拣货作业的适用情况	5				
能力提升情况	8	掌握摘果式拣货作业流程	10				
	9	独立完成摘果式拣货作业	10				
	10	能够主动搜集所需信息，进行自主学习	10				
参与活动情况	11	积极参与任务实施	5				
	12	积极参与小组讨论	5				
	13	积极回答老师提问	10				
小计							
合计＝自评＊20%＋互评＊40%＋教师评＊40%							

操作习题作业

☞ 模拟案例

2015 年 3 月 18 日 8:00，刘晓红根据客户订单，生成摘果式拣货单 1 张。如下表，柴真毅需要完成此拣货作业。

表 7－4　　摘果式拣货单

日期:2015 年 3 月 18 日　　NO:20150318012

信息员:刘晓红　　出库区位:C11

客户名称:沃尔玛公司 A 店　　联系电话:0773－3618168

序号	商品编号	商品名称	规格	包装	数量	储位	备注
1	K61025	康师傅天然水	550ml * 24	箱	3	C020301	
2	K32587	康师傅红烧牛肉面	103g * 24	箱	4	C040302	
3	K21026	雀巢醇品速溶咖啡	200g * 24 罐	箱	5	C050203	
4	K21039	喜之郎优乐美巧克力奶茶	24 杯	箱	5	C060304	

拣货员:　　复核员:

请按照案例要求，做模拟准备，完成摘果式拣货作业练习。

任务三　播种式拣货作业流程

☞ 任务目的

1. 了解播种式拣货作业的方式；
2. 熟知播种式拣货作业的优缺点；
3. 掌握播种式拣货作业流程；
4. 能够独立完成播种式拣货作业。

☞ 任务内容

柴真毅在柳如龙的指导下，非常顺利地完成了一次摘果式拣货作业，柳如龙说:“小柴，你的表现不错。但是，我们现在配送中心除了使用摘果式拣货方法之后，我们还会使用播种式拣货方法。”

“播种式拣货方法是怎么样的呢?”柴真毅问道。

柳如龙说:“等会咱们就来进行一次播种式拣货，我来指导你完成。”

☞ 任务准备

模拟配送中心，准备:

配送中心管理系统 1 套、打印机 1 台、货架、货品若干。

☞ 任务分工

岗位	岗位职责	主要内容	技能要求与基本素质	对应人员
拣货员	完成播种式拣货作业。	领取拣货单据；按单拣货；拣货后送货到出库区指定位置；交回拣货单。	能够独立完成播种式拣货作业；具有较强的协调能力、沟通能力。	柴真毅
单证信息员	负责拣货信息的录入和打印、回收；负责信息的报送，确保信息的准确性、及时性。	根据客户订单信息录入打印播种式拣货单；将准备好的补货单准确、及时地传达给拣货员；回收播种式拣货单并归档。	理解单据的含义与重点、能够独立完成表单的制作；具有较强的沟通能力，熟悉办公软件的应用。	刘晓红
装卸搬运人员	根据货物特性，完成货物的卸下，并存放在收货月台。	配合数量验收；按照要求，完成货物的卸货作业，并保证作业安全。	充分了解货物的特性；掌握一般货物的装卸搬运方法；有团队合作意识。	李强

☞任务资讯

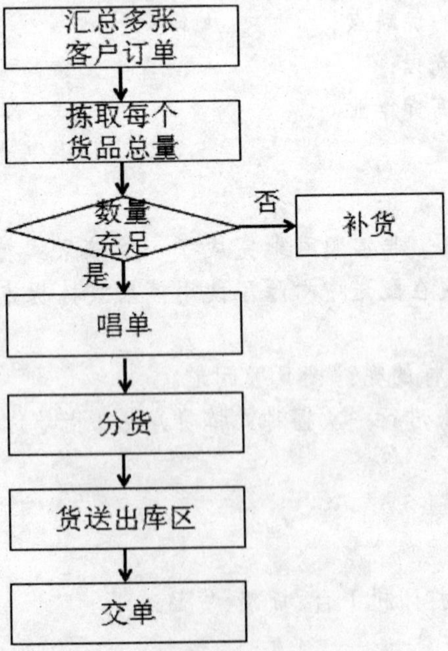

图 7-14　播种式拣货作业流程

播种式拣货作业是将多张订单结合成一批，将所有订单所要的同一种货物拣出，在暂存区再按各用户的需求二次分配，一般是多人作业。

播种式拣货作业的优点是：适合订单数量庞大的系统，可以缩短拣取时行走搬运的距离，增加单位时间的拣选量。

缺点是对订单的到来无法做立刻的反应，必须订单累积到一定数量时才做一次处理。因此会有停滞的时间产生。拣取后还要分拣，若数量多则很费时。

☞任务操作

步骤一：汇总多张客户订单

刘晓虹使用配送中心管理系统汇总 10 张客户订单，并生成 1 张拣货单、1 张出库区位分配表及 11 张分货单（即 11 个货品）如下：

表 7－5　　**播种式汇总拣货单**

日期：2015 年 3 月 16 日　　NO：BZ20150316002

信息员：刘晓红

序号	商品编号	商品名称	规格	包装	数量	储位	备注
1	K61025	康师傅天然水	550ml * 24	箱	26	C020301	
2	K32587	康师傅红烧牛肉面	103g * 24	箱	36	C040302	
3	K21026	雀巢醇品速溶咖啡	200g * 24 罐	箱	40	C050203	
4	K21039	喜之郎优乐美巧克力奶茶	24 杯	箱	52	C060304	
……	……	……	……	……	……	……	……

拣货员：　　复核员：

表 7－6　　**分货单**

日期：2015 年 3 月 16 日　　NO：FH20150316011

信息员：刘晓红

商品名称：康师傅天然水　　商品编号：K61025

规格：550ml * 24　　包装：箱

序号	客户编号	客户名称	分货位	需求数量	备注
1	521236	沃尔玛公司 C1 门店	D1	5	
2	521237	沃尔玛公司 C2 门店	D2	3	
3	521238	沃尔玛公司 C3 门店	D3	4	
4	521239	沃尔玛公司 C4 门店	D4	2	
……	……	……	……	……	……
合计					

唱单：　　分货：

表 7－7　　分货单

日期:2015 年 3 月 16 日　　NO:FH20150316012

信息员:刘晓红

商品名称:康师傅红烧牛肉面　　商品编号:K32587

规格:103g＊24　　包装:箱

序号	客户编号	客户名称	分货位	需求数量	备注
1	521236	××公司 C1 门店	D1	3	
2	521237	××公司 C2 门店	D2	6	
3	521238	××公司 C3 门店	D3	2	
4	521239	××公司 C4 门店	D4	4	
……	……	……	……		……
合计					

唒单:　　分货:

表 7－8　　出库区分配表

日期:2015 年 3 月 16 日　　NO:CK20150316002

信息员:刘晓红

序号	客户编号	客户名称	出库区位	备注
1	521236	××公司 C1 门店	C20	
2	521237	××公司 C2 门店	C21	
3	521238	××公司 C3 门店	C22	
4	521239	××公司 C4 门店	C23	
……	……	……	……	……

拣货员:　　搬运员:

柴真毅领取 13 张单据，来到柳如龙面前，看着手里的一堆单据，有点眼花，问道:“柳师傅，接下来应该怎么办呀?”

步骤二:拣取每个货品总量

柳如龙对柴真毅说:“先拣取每个货品的总量，跟摘果式拣货一样。不同的是，拣完货品之后，不需要把货品放到出库区，而是送到分货区，也就是 D 区。”柴真毅:“好的，我先把货品拣好送到 D 区。”柳如龙说:“好，我在 D 区等着你。”

柴真毅来到拣货区 C020301 储位，核对了一下储位上的货品与拣货单上的货品是否是同一货品。在确认之后，柴真毅将康师傅天然水 26 箱搬到托盘上。然后，送到分货区。如此往复，拣取所有货品总量。在这个拣货期间，他还发现喜之郎优乐美巧克力奶茶在拣货区的数量不够，并将信息反馈后实行了一次补货。

步骤三:唱单

柴真毅来到分货区，柳如龙和李强都在等着他。柳如龙将分货单交给柴真毅，然后告诉柴真毅，“你现在来唱单，李强完成分货。”“怎么唱呀?”柴真毅有些疑问。“把分货单上的货品名称、规格大声地念出来，商品编号、客户名称可以不念，直接念数量、分货位就好了。”

柴真毅看着第 1 张分货单开始大声地读出单据上的内容。“康师傅天然水，550ml＊24，箱，D1，5 箱。D2 3 箱……”

步骤四：分货

随着柴真毅的声音，李强按照柴真毅的指示，把货品放入对应的分货位。D1 分货位放入康师傅天然水 5 箱，D2 分货位 3 箱。

如此往复，把所有的货品都分到了每个分货位里。

步骤五：货送出库区

柴真毅和李强把分货位里的货品，按照出库区分配表的指示，将货品分别放入相对应的出库区位里。

步骤六：交单

柴真毅和李强分别在拣货单、分货单的相应位置上填上自己的名字，然后把本次拣货的单据交回到单证信息室刘晓红处。

☞ 任务评分

班级		姓名		小组			
任务名称		播种式拣货作业流程					
考核内容		评价标准	参考分值（100）	学生自评	小组互评	教师评价	考核得分
职业素养情况	1	具有良好的沟通能力	5				
	2	具有信息搜集能力	5				
	3	在任务实施过程中具有较强的总结能力	10				
知识掌握情况	4	了解播种式拣货作业	10				
	5	熟悉播种式拣货作业的优点	5				
	6	熟悉播种式拣货作业的缺点	5				
	7	掌握播种式拣货作业的适用情况	10				
能力提升情况	8	掌握播种式拣货作业流程	10				
	9	独立完成播种式拣货作业	10				
	10	能够主动搜集所需信息，进行自主学习	10				

续表

参与活动情况	11	积极参与任务实施	5					
	12	积极参与小组讨论	5					
	13	积极回答老师提问	10					
小计								
合计 = 自评 * 20% + 互评 * 40% + 教师评 * 40%								

操作习题作业

☞ 模拟案例

2015 年 3 月 18 日 10:00，刘晓红根据 3 张客户订单，生成播种式拣货单 1 张，分货单 4 张，出库区位分配表 1 张。柴真毅需要完成此次拣货作业。

表 7－9　　播种式汇总拣货单

日期:2015 年 3 月 18　　NO:BZ2015031801

信息员:刘晓红

序号	商品编号	商品名称	规格	包装	数量	储位	备注
1	K61025	康师傅天然水	550ml * 24	箱	12	C020301	
2	K32587	康师傅红烧牛肉面	103g * 24	箱	16	C040302	
3	K21026	雀巢醇品速溶咖啡	200g * 24 罐	箱	20	C050203	
4	K21039	喜之郎优乐美巧克力奶茶	24 杯	箱	18	C060304	

拣货员:　　复核员:

表 7－10　　分货单

日期:2015 年 3 月 18 日　　NO:FH20150316001

信息员:刘晓红

商品名称:康师傅天然水　　商品编号:K61025

规格:550ml * 24　　包装:箱

序号	客户编号	客户名称	分货位	需求数量	备注
1	521236	沃尔玛公司 C1 门店	D1	3	
2	521237	沃尔玛公司 C2 门店	D2	2	
3	521238	沃尔玛公司 C3 门店	D3	5	
4	521239	沃尔玛公司 C4 门店	D4	2	
合计				12	

唱单:　　分货:

表 7－11　　分货单

日期:2015 年 3 月 18 日　　NO:FH20150316002

信息员:刘晓红

商品名称:康师傅红烧牛肉面　　商品编号:K32587

规格:103g＊24　　包装:箱

序号	客户编号	客户名称	分货位	需求数量	备注
1	521236	沃尔玛公司 C1 门店	D1	3	
2	521237	沃尔玛公司 C2 门店	D2	6	
3	521238	沃尔玛公司 C3 门店	D3	2	
4	521239	沃尔玛公司 C4 门店	D4	5	
合计				16	

唱单:　　分货:

表 7－12　　分货单

日期:2015 年 3 月 18 日　　NO:FH20150316003

信息员:刘晓红

商品名称:雀巢醇品速溶咖啡　　商品编号:K21026

规格:200g＊24 罐　　包装:箱

序号	客户编号	客户名称	分货位	需求数量	备注
1	521236	沃尔玛公司 C1 门店	D1	4	
2	521237	沃尔玛公司 C2 门店	D2	5	
3	521238	沃尔玛公司 C3 门店	D3	7	
4	521239	沃尔玛公司 C4 门店	D4	4	
合计				20	

唱单:　　分货:

表 7－13　　分货单

日期:2015 年 3 月 18 日　　NO:FH20150316004

信息员:刘晓红

商品名称:喜之郎优乐美巧克力奶茶　　商品编号:K21039

规格:24 杯　　包装:箱

序号	客户编号	客户名称	分货位	需求数量	备注
1	521236	沃尔玛公司 C1 门店	D1	4	
2	521237	沃尔玛公司 C2 门店	D2	3	
3	521238	沃尔玛公司 C3 门店	D3	6	
4	521239	沃尔玛公司 C4 门店	D4	5	
合计				18	

唱单:　　分货:

表 7 － 14　　出库区分配表

日期:2015 年 3 月 18 日　　NO：CK20150318001

信息员:刘晓红

序号	客户编号	客户名称	出库区位	备注
1	521236	沃尔玛公司 C1 门店	C20	
2	521237	沃尔玛公司 C2 门店	C21	
3	521238	沃尔玛公司 C3 门店	C22	
4	521239	沃尔玛公司 C4 门店	C23	
……	……	……	……	

拣货员:　　搬运员:

模块八 8
流通加工作业

▶学习要点

1. 了解流通加工的定义；
2. 掌握流通加工与生产加工的区别；
3. 熟知流通加工的分类；
4. 熟知流通加工不合理化内容；
5. 掌握流通加工合理化的方法；
6. 掌握流通加工作业流程；
7. 能够独立完成流通加工作业。

▶案例导入

2015 年 4 月 3 日上午 8:30，收到沃尔玛公司 A 门店通过 E－mail 发过来的订货单。因为门店要进行促销活动，要求将订货中的 120 盒（即 5 箱）雀巢醇品速溶咖啡每一盒咖啡配上一个马克杯。

任务一　流通加工作业认知

☞ 任务目的

1. 了解流通加工的定义；
2. 掌握流通加工与生产加工的区别；
3. 熟知流通加工的分类；
4. 熟知流通加工不合理内容；
5. 掌握流通加工合理的方法。

☞ 任务内容

鉴于柴真毅在过去的一段时间里能够出色地完成各项任务，于是，张诚经理把这个流通加工任务交给了柴真毅。柴真毅对流通加工作业还不太了解，所以他决定在进行这一次流通加工作业之前，好好学习一下流通加工的知识。

☞ 任务准备

计算机、互联网

☞ 任务分工

岗位	岗位职责	主要内容	技能要求与基本素质	对应人员
岗前了解	无	初步了解流通加工	了解流通加工的定义；掌握流通加工与生产加工的区别；熟知流通加工的分类。	柴真毅
岗前了解	无	掌握流通加工合理化	熟知流通加工不合理化内容；掌握流通加工合理化的方法。	柴真毅

☞ 任务资讯

一、流通加工的定义

《中华人民共和国国家标准物流术语》(GB/T 18354－2006)中把流通加工定义为：物品在从生产地到使用地的过程中，根据需要施加包装、分割、计量、分拣、刷标志、拴标签、组装等简单作业的总称。

商品流通是以货币为媒介的商品交换，它的重要职能是将生产及消费联系起来，起“桥梁和纽带”作用，完成商品所有权和实物形态的转移。因此，流通与流通对象的关系，一般不是改变其形态而创造价值，而是保持流通对象的已有形态，完成空间的位移，实现其“时间效用”及“场所效用”。

流通加工则与此有较大的区别。总的来讲，流通加工在流通中，仍然和流通总体一样起“桥梁和纽带”作用。但是，它却不是通过“保护”流通对象的原有形态而实现这一作用的，它是和生产一样，通过改变或完善流通对象的原有形态来实现“桥梁和纽带”作用的。

流通加工是为了提高物流速度、促进销售、降低生产及物流成本，在物品进入流通领域后，按物流的需要和客户的要求进行的简单再加工活动。其作用就是直接为流通、特别是为销售服务，起到提高物流系统效率的作用。

二、流通加工与生产加工的区别

流通加工和一般生产制造在加工方法、加工组织、生产管理方面无明显区别，但在加工对象、加工程度方面差别较大，其主要差别表现在五个方面：

（一）加工对象的差别

流通加工的对象是进入流通过程的商品，具有商品的属性，以此来区别多环节生产加工中的一环。生产制造的对象是原材料、零配件、半成品等，而不是最终商品。

表 8－1　流通加工与生产加工的区别

	流通加工	生产加工
加工对象	商品	原材料、零配件、半成品
加工的程度	简单加工	复杂加工
价值体现	完善其使用价值、提高价值	创造价值和使用价值
加工实施人员	从事流通工作的人	有生产制造专业知识和专业设备的工厂工人
加工目的	部分以自身流通为目的	全部为消费（或再生产）进行的加工

（二）加工的程度差别

流通加工大多是简单加工，而不是复杂加工。一般来讲，如果必须进行复杂加工才能形成人们所需的商品，那么这种复杂加工应专设生产加工过程，生产制造理应完成大部分加工活动，流通加工对生产制造则是一种辅助及补充。流通加工绝对不是生产制造的取消和替代。

（三）价值体现不同

从价值观点看，生产制造的目的是创造价值和使用价值，而流通加工的目的则在于完善其使用价值，并在不做大改变情况下提高价值。

（四）加工实施人员不同

流通加工的实施人员是从事流通工作的人，能密切结合流通的需要进行这种加工活动。从加工单位来看，流通加工由商品流通企业完成，而生产制造由生产企业完成。生产制造的实施人员是有生产制造专业知识和专业设备的工厂工人。

（五）加工目的不同

商品生产是为交换和消费而进行的生产，而流通加工的一个重要目的是为了消费（或再生产）所进行的加工，这一点与商品生产有共同之处。但是流通加工有时候也是以自身流通为目的，纯粹是为流通创造条件，这种为流通所进行的加工与直接为消费进行的加工在目的上是有所区别的，这也是流通加工不同于一般生产加工的特殊之处。

☞任务操作

步骤一：流通加工的分类

根据不同的目的，流通加工已经呈现了多样化，常见的有如下几种：

1. 弥补生产领域加工不足的深加工

有许多产品在生产领域的加工只能到一定程度，这是由于存在许多限制因素限制了生产领域不能完全实现终极的加工。例如钢铁厂的大规模生产只能按标准规定的规格生产，以使产品有较强的通用性，使生产能有较高的效率和效益；木材如果在产地制成木制品的话，就会造成运输的极大困难，所以原生产领域只能加工到圆木、板方材这个程度。进一步的下料、切裁、处理等加工则由流通加工完成。

这种流通加工实际是生产的延续，是生产加工的深化，对弥补生产领域加工不足有重要意义。

2. 满足需求多样化进行的服务性加工

从需求角度看，需求存在着多样化和变化两个特点，为满足这种要求，经常是客户自己设置加工环节，例如，生产消费型用户的再生产往往从原材料初级处理开始。

图 8－1　四季豆分拣

就用户来讲，现代生产的要求，是生产型用户能尽量减少流程，尽量集中力量从事较复杂的技术性较强的劳动，而不愿意将大量初级加工包揽下来。这种初级加工带有服务性，由流通加工来完成，生产型用户便可以缩短自己的生产流程，使生产技术密集程度提高。

对一般消费者而言，则可省去繁琐的预处置工作，而集中精力从事较高级能直接满足需求的劳动。

3. 保护产品所进行的加工

在物流过程中，直到用户投入使用前都存在对产品的保护问题，防止产品在运输、储存、装卸、搬运、包装等过程中遭到损失，使使用价值能顺利实现。和前两种加工不同，这种加工并不改变进入流通领域的“物”的外形及性质。这种加工主要采取稳固、改装、冷冻、保鲜、涂油等方式。

4. 提高物流效率，方便物流的加工

有一些产品本身的形态使之难以进行物流操作。如鲜鱼的装卸、储存操作困难；过大设备搬运、装卸困难；气体物运输、装卸困难等。进行流通加工，可以使物流各环节易于操作，如鲜鱼冷冻、过大设备解体、气体液化等；这种加工往往改变“物”的物理状态，但并不改变其化学特性，并最终仍能恢复原物理状态。

图 8－2　木材加工

5. 促进销售的流通加工

流通加工可以从若干方面起到促进销售的作用。如将过大包装或散装物分装成适合一次销售的小包装的分装加工；将原以保护产品为主的运输包装改换成以促进销售为主的装潢性包装，以起到吸引消费者、指导消费的作用；将零配件组装成用具、车辆以便于直接销售；将蔬菜、肉类洗净切块以满足消费者要求等等。这种流通加工可能是不改变“物”的本体，只进行简单改装的加工，也有许多是组装、分块等深加工。

6. 提高加工效率的流通加工

许多生产企业的初级加工由于数量有限加工效率不高，也难以投入先进的科学技术。流通加工以集中加工形式，解决了单个企业加工效率不高的弊病。以一家流通加工企业代替了若干生产企业的初级加工工序，促使生产水平有一个发展。

7. 提高原材料利用率的流通加工

流通加工利用其综合性强、用户多的特点，可以实行合理规划、合理套裁、集中下料的办法，这就能有效地提高原材料利用率，减少损失浪费。

图 8－3　煤炭选矸加工

8. 衔接不同运输方式，使物流合理化的流通加工

在干线运输及支线运输的结点，设置流通加工环节，可以有效解决大批量、低成本、长距离干线运输多品种、少批量、多批次末端运输和集货运输之间的衔接问题，在流通加工点与大生产企业间形成大批量、定点运输的渠道，又以流通加工中心为核心，组织对多用户的配送。也可在流通加工点将运输包装转换为销售包装，从而有效衔接不同目的的运输方式。

9. 提高经济效益，追求企业利润为目的的流通加工

流通加工的一系列优点，可以形成一种“利润中心”的经营形态，这种类型的流通加工是经营的一环，在满足生产和消费要求基础上取得利润，同时在市场和利润引导下使流通加工在各个领域中能有效地发展。

10. 生产－流通一体化的流通加工形式

依靠生产企业与流通企业的联合，或者生产企业涉足流通，或者流通企业涉足生产，形成的对生产与流通加工进行合理分工、合理规划、合理组织，统筹进行生产与流通加工的安排，这就是生产－流通一体化的流通加工形式。这种形式可以促成产品结构及产业结构的调整，充分发挥企业集团的经济技术优势，是目前流通加工领域的新形式。

步骤二：流通加工中存在的不合理化问题

流通加工是在流通领域中对生产的辅助性加工，从某种意义来讲它不仅是生产过程的延续，实际是生产本身或生产工艺在流通领域的延续。这个延续可能有正、反两方面的作用，即一方面可能有效地起到补充完善的作用；但是，也必须估计到另一个可能性，即对整个过程的负效应。各种不合理的流通加工都会产生抵消效益的负效应。

1. 流通加工地点设置的不合理

流通加工地点设置即布局状况是使整个流通加工是否有效的重要因素，一般而言，为衔接单品种大批量生产与多样化需求的流通加工，加工地设置在需求地区，才能实现大批量的干线运输与多品种末端配送的物流优势。

如果将流通加工地设置在生产地区，其不合理之处在于：①多样化需求的产品，多品种、小批量由产地向需求地的长距离运输会出现不合理；②在生产地增加了一个加工环节，同时增加了近距离运输、装卸、储存等一系列物流活动。

所以，在这种情况下，不如由原生产单位完成这种加工而无需设置专门的流通加工环节。

一般而言，为方便物流的流通加工环节应设在产出地，设置在进入社会物流之前。如果将其设置在物流之后，即设置在消费地，则不但不能解决物流问题，又在流通中增加了一个中转环节，因而也是不合理的。

即便是产地或需求地设置流通加工的选择是正确的，还有流通加工在小地域范围的正确选址问题，如果处理不善，仍然会出现不合理。这种不合理主要表现在交通不便，流通加工与生产企业或用户之间距离较远，流通加工点的投资过高（如受选址的地价影响），加工点周围社会、环境条件不良等。

2. 流通加工方式选择不当

流通加工方式包括流通加工对象、流通加工工艺、流通加工技术、流通加工程度等。流通加工方式的确定实际上是与生产加工的合理分工有关。本来应由生产加工完成的，却错误地由流通加工去完成；本来应由流通加工完成却错误地由生产过程去完成，都会造成不合理性。流通加工不是对生产加工的代替，而是一种补充和完善。所以，一般而言如果工艺复杂，技术装备要求较高，或加工可以由生产过程延续或轻易解决者都不宜再设置流通加工，尤其不宜与生产过程争夺技术要求较高、效益较高的最终生产环节，更不宜利用一个时期市场的压迫使生产者变成初级加工或前期加工，而流通企业完成装配或最终形成产品的加工。如果流通加工方式选择不当，就会出现与生产夺利的恶果。

3. 流通加工作用不大，形成多余环节

有的流通加工过于简单，或对生产及消费者作用都不大，甚至有时流通加工的盲目性，同样未能解决品种、规格、质量、包装等问题，相反却增加了环节，这也是流通加工不合理化的重要形式。

4. 流通加工成本过高，效益不好

流通加工之所以能够有生命力，重要优势之一是有较大的产出投入比，因而有效起着补充完善的作用；如果流通加工成本过高，则不能实现以较低投入实现更高使用价值的目的。

步骤三：流通加工合理化的方法

流通加工合理化的含义是实现流通加工的最优配置，不仅要做到避免各种不合理，使流通加工有存在的价值，而且要做到最优的选择。

为避免各种不合理现象，对是否设置流通加工环节，在什么地点设置，选择什么类型的加工，采用什么样的技术装备等，需要做出正确抉择。目前，国内在进行这方面合理化的考虑中已积累了一些经验，取得了一定成果。

实现流通加工合理化主要考虑以下几方面：

1. 加工和配送结合

这是将流通加工设置在配送点中，一方面按配送的需要进行加工，另一方面加工又是配送业务流程中分货、拣货、配货之一环，加工后的产品直接投入配货作业，这就无需单独设置一个加工的中间环节，使流通加工有别于独立的生产，而使流通加工与中转流通巧妙结合在一起。同时，由于配送之前有加工，可使配送服务水平大大提高，这是当前对流通加工作合理选择的重要形式，在煤炭、水泥等产品的流通中已表现出较大的优势。

2. 加工和配套结合

在对配套要求较高的流通中，配套的主体来自各个生产单位。但是，完全配套有时无法全部依靠现有的生产单位，进行适当流通加工，可以有效促成配套，大大提高流通的桥梁与纽带的能力。

3. 加工和合理运输结合

前文已提到过流通加工能有效衔接干线运输与支线运输，促进两种运输形式的合理化。利用流通加工，在支线运输转干线运输或干线运输转支线运输这本来就必须停顿的环节，不进行一般的支转干或干转支，而是按干线或支线运输合理的要求进行适当加工，从而大大提高运输及运输转载水平。

4. 加工和合理商流相结合

通过加工有效促进销售，使商流合理化，也是流通加工合理化的考虑方向之一。加工和配送的结合，通过加工，提高了配送水平，强化了销售，是加工与合理商流相结合的一个成功的例证。

此外，通过简单地改变包装加工，形成方便的购买量；通过组装加工解除用户使用前进行组装、调试的难处，都是有效促进商流的例子。

5. 加工和节约相结合

节约能源、节约设备、节约人力、节约耗费是流通加工合理化重要的考虑因素，也是目前我国设置流通加工、考虑其合理化的较普遍形式。

流通加工不是对生产加工的代替，而是一种补充和完善。所以，一般而言，如果工艺复杂，技术装备要求高，可以由生产过程延续或轻易解决的，都不宜再设置流通加工。

对于流通加工合理化的最终判断，是看其是否能实现社会和企业的效益，而且是否取得了最优效益。对流通加工而言，与一般生产企业一个重要不同之处是，流通加工企业更应树立以社会效益为第一的观念。如果只是追求企业的微观效益，不适当地进行加工，甚至与生产企业争利，这就有违于流通加工的初衷，或者其本身已不属于流通加工范畴。

流通加工业务是现代物流企业提供的增值服务，即会提高流通商品的附加价值，从而实现物流企业的经济效益，也给供需双方带来方便与效率。所以它有强劲的发展势头。

☞任务评分

班级			姓名		小组		
任务名称		流通加工作业认知					
考核内容		评价标准	参考分值（100）	学生自评	小组互评	教师评价	考核得分
职业素养情况	1	具有良好的沟通能力	5				
	2	具有信息搜集能力	5				
	3	在任务实施过程中具有较强的总结能力	10				
知识掌握情况	4	了解流通加工的定义	10				
	5	了解流通加工的作用	5				
	6	掌握流通加工与生产加工的区别	10				
	7	熟知流通加工的分类	5				
能力提升情况	8	熟知流通加工不合理化内容	10				
	9	掌握流通加工合理化的方法	10				
	10	能够主动搜集所需信息，进行自主学习	10				
参与活动情况	11	积极参与任务实施	5				
	12	积极参与小组讨论	5				
	13	积极回答老师提问	10				
小计							
合计＝自评＊20%＋互评＊40%＋教师评＊40%							

操作习题作业

☞知识考核

一、单选题

1.（　　）物品在从生产地到使用地的过程中，根据需要施加包装、分割、计量、分拣、刷标志、拴标签、组装等简单作业的总称。

A. 生产加工　　B. 流通加工　　C. 配送　　D. 仓储

2. 流通加工的对象是进入流通过程的（　　）。

A. 零配件　　B. 原材料　　C. 产品　　D. 商品

3. 流通加工是在流通领域中对生产的辅助性加工，从某种意义来讲它不仅是(　　)的延续，实际是生产本身或生产工艺在流通领域的延续。

A. 消费过程　　B. 储存过程　　C. 生产过程　　D. 运输过程

二、多选题

1. 流通加工包括(　　)。

A. 分割　　B. 计量　　C. 组装　　D. 拴标签

2. 商品流通是以货币为媒介的商品交换，它的重要职能是将(　　)联系起来。

A. 流通　　B. 交换　　C. 消费　　D. 生产

3. 流通加工合理化的方法(　　)。

A. 加工和节约相结合

B. 加工和配套结合

C. 加工和合理运输结合

D. 加工和配送结合

三、判断题

1. 流通加工可以提高物流效率，方便物流的作用，例如：鲜鱼冷冻、气体液化、过大设备解体。　　(　　)

2. 将原以保护产品为主的运输包装改换成以促进销售为主的装潢性包装，以起到吸引消费者、指导消费的作用属于促进销售的流通加工。　　(　　)

3. 流通加工业务是现代物流企业提供的增值服务，即会提高流通商品的附加价值，从而实现物流企业的经济效益。　　(　　)

任务二　流通加工作业流程

☞ 任务目的

1. 了解几种典型的流通加工作业类型；

2. 掌握流通加工作业流程；

3. 能够独立完成流通加工作业。

☞ 任务内容

2015 年 4 月 3 日上午 8:30，收到沃尔玛公司 A 门店通过 E - mail 发过来的订货单。因为门店要进行促销活动，要求将订货中的 120 盒(即 5 箱)雀巢醇品速溶咖啡每一盒咖啡配上一个马克杯。这一项流通加工作业被安排在 2015 年 4 月 3 日下午 15:30 由柴真毅完成。

☞ 任务准备

模拟配送中心，准备：

配送中心管理系统 1 套、打印机 1 台、透明胶、打包机、货架、货品若干。

☞ 任务分工

岗位	岗位职责	主要内容	技能要求与基本素质	对应人员
单证信息员	负责流通加工信息的录入、打印和回收； 负责信息的报送，确保信息的准确性、及时性。	根据流通加工要求录入、打印流通加工任务单； 将准备好的流通加工任务单准确、及时传达给拣货员； 回收流通加工任务单并归档。	理解单据的含义与重点、能够独立完成表单的制作； 具有较强的沟通能力，熟悉办公软件的应用。	刘晓红
仓管员	完成流通加工作业任务。	领取流通加工单据及相关物料；进行流通加工；流通加工后送货到指定位置；交回流通加工任务单。	能够独立完成流通加工作业； 具有较强的协调能力、沟通能力。	柴真毅

☞ 任务资讯

下面给大家介绍几种比较典型的流通加工类型。

一、生鲜食品的流通加工

图 8－4　肉类加工车间

如冷冻加工、分选加工、精制加工、分装加工等。

二、水泥熟料的流通加工

图 8－5　水泥熟料加工厂

在需要长途运入水泥的地区，变运输成品水泥为运进熟料这种半成品，在该地区的流通加工点（磨细工厂）磨细，并根据当地资源和需要的情况掺入混合材料及外加剂，制成不同品种及标号的水泥供应给当地用户，这是水泥流通加工的重要形式之一。它可以省去添加剂的运力和运费，可以更好地满足当地的实际需求，降低使用成本，容易以较低成本实现大批量、高效率的输送，可以大大降低水泥的输送损失，能更好地衔接产需，方便用户。

三、机电产品的组装加工

机电设备储运困难较大，主要原因是不易进行包装，包装成本过大，并且运输装载困难，装载效率低，流通损失严重。但是这些货物有一个共同特点，即装配较简单，装配技术要求不高，装配后不需进行复杂检测及调试。所以，为解决储运问题，降低储运费用，采用半成品（部件）高容量包装出厂，在消费地拆箱组装的流通加工方式。

图 8－6　机电产品组装生产线

四、钢板剪板及下料加工

热连轧钢板和钢带、热轧厚钢板等板材最大交货长度常可达 7 ~ 12 米，有的是成卷交货。对于使用钢板的用户来说，大型企业由于消耗批量大，可设专门的剪板及下料设备，按生产需要进行剪板；对使用量不大的多数中、小型企业，可利用钢板剪板及下料的流通加工达到使用要求。和钢板的流通加工类似的还有圆钢、型钢、线材的集中下料、线材冷拉加工等。

图 8 – 7　钢板剪板

五、木材的流通加工

(一)磨制木屑、压缩输送

木材是容积大、重量轻的物质，在运输时占有相当大的容积，往往使车船满装但不能满载，同时，装车、捆扎也比较困难。从林区外送的原木中有相当一部分是造纸材，美国采取在林木生产地就地将原木磨成木屑，然后压缩使之成为容重较大、容易装运的形状，之后运至靠近消费地的造纸厂，取得较好的效果。根据美国的经验，采取这种方法比直接运送原木节约一半的运费。

图 8 – 8　木材加工场

(二)集中开木下料

在流通加工点将原木锯截成各种规格锯材，同时将碎木、碎屑集中加工成各种规格板，甚至还可以进行打眼、凿孔等初级加工。过去用户直接使用原木不但加工复杂、加工场地大、加工设备多，更严重的是资源浪费大，木材的平均利用率不到50%，平均出材率不到40%。实行集中下料、按用户要求供应规格料，可以使原木利用率提高到95%，出材率提高到72%左右，有相当好的经济效果。

六、煤炭及其他燃料的流通加工

（一）除矸加工

以提高煤炭纯度为目的的加工形式。为了多运“纯物质”，少运矸石，充分利用运力，降低成本，可以采用除矸的流通加工排除矸石。

（二）为管道输送煤浆进行的煤浆加工

用运输工具载运煤炭，运输中损失浪费较大，又容易发生火灾。将煤炭制成煤浆采用管道运输是一种新兴加工技术。

（三）配煤加工

在使用地区设置集中加工点，将各种煤及一些其他发热物质，按不同配方进行掺配加工，生产出各种不同发热量的燃料，称为配煤加工。这种加工方式可以按需要发热量生产和供应燃料，防止热能浪费和“大材小用”，也防止发热量过小，不能满足使用要求。工业用煤经过配煤加工还可以起到便于计量控制、稳定生产过程的作用，在经济上和技术上都有价值。

（四）天然气、石油气等气体的液化加工

由于气体输送、保存都比较困难，天然气及石油气往往只好就地使用，如果当地资源充足而用不完，往往就地燃烧掉造成浪费和污染。两气的输送可以采用管道，但因投资大、输送距离有限，也受到制约。在产出地将天然气或石油气压缩到临界压力之上，使之由气体变成液体，就可用容器装运，使用时机动性较强。这是目前采用较多的方式。

图8－9　除矸加工

七、平板玻璃的流通加工

按用户提供的图纸对平板玻璃套裁开片，向用户供应成品，用户可以将其直接安装到采光面上。这种方式的好处是：平板玻璃的利用率可由不实行套裁时的62%－65%提高到90%以上；可以实现从工厂向套裁中心运输大包装平板玻璃。这不但节约了大量包装用木材，而且可防止流通中大量破损。套裁中心按用户要求裁制有利于玻璃生产厂简化规格，搞单品种、大批量生产，这不但能提高工厂生产率，而且可以简化工厂切裁、包装等工序。现场切裁玻璃劳动强度大，废料也难以处理，搞集中套裁可以广泛采用专用设备进行裁制，废玻璃相对数量少并且易于集中处理，能够满足用户的个性化需要，提高服务水平。

图 8－10　平板玻璃加工车间

八、加工定制

企业委托外厂进行加工和改制，是为了弥补企业加工能力不足或商店不经营的一项措施，如非标准设备、工具、配料、半成品等，可分为带料加工和不带料加工。前者为使用单位供料，加工厂负责加工；后者为加工厂包工包料。

图 8－11　服装整理加工

可以看出，由于不同类型的流通加工有不同的加工目的和加工方式（包括加工对象、加工工艺、加工技术、加工程度等），所以也就有不同的加工流程。

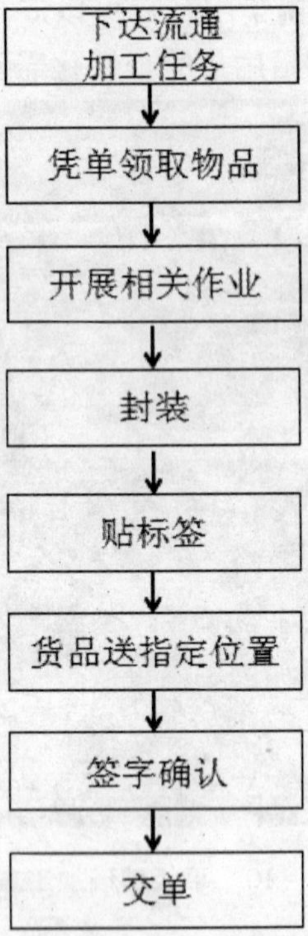

图 8－12　流通加工作业流程图

☞ 任务操作

步骤一：下达流通加工任务

2015 年 4 月 3 日下午 15:30，柴真毅到单证信息室领取《流通加工任务单》，表单如下：

表 8－2　流通加工任务单

日期：2015 年 4 月 3 日　　NO：LT2015040327

信 息 员：刘晓红　　出库区位：C09

客户名称：沃尔玛公司 A 店　　联系电话：0773－3618168

序号	商品编号	商品名称	规格	包装	数量	储位	备注
1	K21026	雀巢醇品速溶咖啡	200g＊24 罐	箱	4	B040201	
2	Y21031	雀巢马克杯	28（周长）＊10（高度）CM	个	120	A020101	

仓管员：

要求：每一罐雀巢醇品速溶咖啡用透明胶捆绑一个马克杯。

步骤二：凭单领取物品

柴真毅先将要流通加工的货品从存储区取出，送到流通加工区，并到物料部门领取纸箱、透明胶、标签等包装材料。

步骤三:开展相关作业

柴真毅先把领取的纸箱用透明胶封装起来，然后把雀巢醇品速溶咖啡原包装拆开，用透明胶把每一罐咖啡和一个马克杯包扎起来。接下来，把包扎好的货品放入纸箱内。

步骤四:封装

柴真毅将所有的咖啡都包扎好之后，用透明胶把纸箱封装好。

步骤五:贴标签

封装完毕后，柴真毅在纸箱上贴上标签，标签内容为:雀巢醇品速溶咖啡 200g＊24 罐促销装(马克杯)。

步骤六:货品送指定位置

柴真毅把经过流通加工的雀巢醇品速溶咖啡送到出库区位 C09。

步骤七:签字确认

柴真毅在《流通加工任务单》上仓管员处签上自己的名字。

表 8－3　　**流通加工任务单**

日期:2015 年 4 月 3 日　　NO:LT2015040327

信息员:刘晓红　　出库区位:C09

客户名称:沃尔玛公司 A 店　　联系电话:0773－3618168

序号	商品编号	商品名称	规格	包装	数量	储位	备注
1	K21026	雀巢醇品速溶咖啡	200g＊24 罐	箱	4	B040201	
2	Y21031	雀巢马克杯	28(周长)＊10(高度)CM	个	120	A020101	

仓管员: 柴真毅

要求:每一罐雀巢醇品速溶咖啡用透明胶捆绑一个马克杯。

步骤八:交单

柴真毅把签字确认后的《流通加工任务单》交回单证信息室，单证信息室将该单据归类存档。

☞ 任务评分

班级			姓名		小组		
任务名称	流通加工作业						
考核内容		评价标准	参考分值（100）	学生自评	小组互评	教师评价	考核得分
职业素养情况	1	具有良好的沟通能力	5				
	2	具有信息搜集能力	5				
	3	在任务实施过程中具有较强的总结能力	10				
知识掌握情况	4	了解生鲜食品的流通加工和水泥熟料的流通加工	5				
	5	熟知机电产品的组装加工和钢板剪板及下料加工	10				
	6	熟知木材的流通加工煤炭及其他燃料的流通加工	10				
	7	了解平板玻璃的流通加工加工定制	5				
能力提升情况	8	掌握流通加工作业流程	10				
	9	能够独立完成流通加工作业	10				
	10	能够主动搜集所需信息，进行自主学习	10				
参与活动情况	11	积极参与任务实施	5				
	12	积极参与小组讨论	5				
	13	积极回答老师提问	10				
小计							
合计 = 自评 * 20% + 互评 * 40% + 教师评 * 40%							

操作习题作业

☞ 模拟案例

2015 年 4 月 4 日下午 9:30，收到 × × 公司 C 门店通过 E – mail 发过来的订货单，其中订购了《小熊学英语》套装 3 套，该货品需要进行流通加工。柴真毅到单证信息室领取《流通加工任务单》，表单如下：

表 8－4　　　　　　　　**流通加工任务单**

日期：2015 年 4 月 4 日　　　　　　　　NO：LT20150404002

信息员：刘晓红　　　　　　　　出库区位：C11

客户名称：沃尔玛公司 C 店　　　　　　　　联系电话：0773－3618168

序号	商品编号	商品名称	规格	包装	数量	储位	备注
1	Y16021	小熊学英语(一)	标清版	盘	4	A050103	
2	Y16022	小熊学英语(二)	标清版	盘	4	A050104	
3	Y16023	小熊学英语(三)	标清版	盘	4	A050105	
4	Y16024	小熊学英语(四)	标清版	盘	4	A050106	
5	Y16024	小熊学英语套装外壳	标清版	盒	4		

仓管员：

请按照案例要求，做模拟准备，完成流通加工作业练习。若没有该类货品，可以开展其他流通加工作业练习。

☞知识考核

一、单选题

1. 机电产品的组装属于(　　)。

A. 流通加工　　B. 生产加工　　C. 配组作业　　D. 运输

2. (　　)是以提高煤炭纯度为目的的加工形式。

A. 配煤加工　　B. 煤浆加工　　C. 除矸加工　　D. 液化加工

3. 使用单位供料，加工厂负责加工属于(　　)。

A. 带料加工　　B. 包装加工　　C. 不带料加工　　D. 配套加工

二、多选题

1. 生鲜食品的流通加工包括(　　)。

A. 冷冻加工　　B. 分选加工　　C. 精制加工品　　D. 分装加工

2. 木材的流通加工有(　　)。

A. 磨制木屑　　B. 集中开木下料　　C. 压缩输送　　D. 分散下料

3. 机电设备储运困难较大，主要原因是(　　)装载效率低，流通损失严重。

A. 不易进行包装

B. 包装成本过大

C. 运输装载困难

D. 配送成本高

三、判断题

1. 在需要长途运入水泥的地区，变运输成品水泥为运进熟料这种成品。(　　)

2. 配煤加工可以按需要发热量生产和供应燃料，防止热能浪费和“大材小用”，也防止发热量过小，不能满足使用要求。(　　)

3. 企业委托外厂进行加工和改制，是弥补企业加工能力不足或商店不经营的一项措施。(　　)

模块九 配货作业 9

▶学习要点

1. 了解配货的概念；
2. 掌握配货作业的基本原则；
3. 掌握配货作业流程；
4. 能够进行配货作业计划编制；
5. 能够完成配货作业。

▶案例导入

柴真毅顺利完成流通加工作业后，张诚经理继续安排柴真毅完成配货的工作。鉴于柴真毅是新员工，张诚经理首先要柴真毅通过自学对配货作业进行了解，最后根据配货的作业流程完成配货作业。

任务一　配货作业认知

☞任务目的

1. 了解配货的概念；
2. 了解配货的基本原则；
3. 掌握配货计划的编制。

☞任务内容

柴真毅在接到张诚经理下达的任务后，通过网络、图书、询问同事等途径，对配货的概念、配货的基本原则、配货计划的编制等进行了了解和学习。

☞任务准备

计算机、互联网

☞任务分工

岗位	岗位职责	主要内容	技能要求与基本素质	对应人员
岗前了解	无	初步了解配货作业	初步了解配货作业的概念。	柴真毅
岗前了解	无	掌握配货的基本原则	掌握配货的基本原则，能够根据配货的基本原则进行配货。	柴真毅
岗前了解	无	掌握配货计划的编制	能够编制配货计划。	柴真毅

☞任务资讯

配货管理不仅是配送不同于其他物流形式的功能要素，也是配送成败的一项重要支持性工作，它是完善送货、支持送货的准备性工作，是不同配送的企业在送货时进行竞争和提高自身经济效益的必要延伸。

一、配货管理的含义

配送企业为了顺利、有序、方便地向众多客户发送商品，对组织进来的各种货物进行整理，并依据订单要求进行组合的过程称为配货。配货主要包括理货和配装两个方面的内容。

图 9－1　配货作业

(一)理货

理货是指理货人员根据理货单上的内容说明，按照出货的顺序、储位区域号、配送车辆趟次号、门店号、先进先出等出货原则和方法，把需要出货的商品整理出来，经复核人确认无误后，放置到暂存区，准备装货上车的工作。

(二)配装

配装是指集中不同的客户的配送货物，进行搭配装载，以充分利用运能、运力的工作。

☞任务操作

步骤一：认知配货作业的概念

配货作业是指把拣取分类完成的货品经过配货检查过程后，装入容器并做好标识，再运到配货准备区，待装车后发送的作业。

步骤二：了解配货作业的基本原则

配货作业的基本任务是保证配送业务中所需的商品品种、规格、数量在指定的时间内组配齐全并装载完毕。为了顺利完成配货任务，在配货过程中必须遵循以下原则：

1. 准时性的原则

准时性原则是保证配送企业利益及客户需求都得以满足的双赢原则。

2. 准确性的原则

配送企业货物品种繁多，数量巨大，每天有大量的货物进出，为了保证作业质量，在配货中必须遵循准确性的原则，将正确的货物、品种、数量及时送到客户手中。

3. 可靠性的原则

在配货过程中，货物的装卸作业、分货过程中的机械振动和冲击及其他意外事故、作业人员的素质等都可能损坏货物，因此要坚持可靠性的原则，确保货物在配货过程中保持完好的质量。

4. 方便性的原则

在配送商品中，有些商品是常需产品或畅销产品，有些则生产周期或需求周期比较长。配送企业在摆放商品时，要根据配送商品的配送规律，合理进行摆放，以方便配货为前提，做到将常需商品和畅销商品摆放到靠近配货作业的通道旁边，以便于理货人员进行理货作业时的商品存取，节约理货时间。

5. 优先性的原则

对于下列客户，配送企业可以优先进行配货：

(1)具有优先权的客户；

(2)依客户等级划分，重要性程度比较高的客户；

(3)依订单交易量或交易金额划分，对公司贡献大的订单；

(4)以客户信用状况划分，信用较好的客户。

6. 经济型的原则

企业运作的基本目标是实现一定的经济利益，所以，配货不能仅满足客户的要求，要有高质量、及时方便的服务，还必须提高效率，加强成本管理与控制。

步骤三：进行配货计划的编制

配送企业内存放的商品数量大、品种杂、规格多，每日发送商品的次数和装配配送车辆的趟次比较多，若没有高度的计划管理，极易出现各种疏漏，影响后续作业的正常进行。因此，依据实施配货活动的基本任务和配货原则进行配货计划的编制，保证客户需求的商品能在最短的时间内以最合理的方式完好无损的配齐、经济合理的配载，是使配送业务顺利实施的前提条件。

配货计划的科学性及合理性，直接影响配送企业配送业务的绩效。一个较为完善的配送计划编制的步骤是：

1. 进行市场调查；

2. 确认配货顺序；

3. 确定配货作业具体内容。

配送企业进行配货作业时，需要确定的具体内容包括：

(1)分拣配货率。分拣配货率是指从库存的货物种类中分拣出的货物种类占全部库存货物种类的比重，计算公式为：

$$分拣配货率 = 分拣种类数/库存种类数$$

(2)配货方式和配货线路。(3)配货人员的数量和机械类型及品种

配货人员包括理货人员和装卸人员两种。

(4)确定配装方案。如果一辆车配装不同客户的商品，就需要考虑商品间的理化性能、客户指定地点的路径方向及区域等方面的问题，然后再按照商品性能相近、路线方向一致或区域同属的配装原则制定配装方案。

4. 控制调整

(1)定期对上述各项内容进行考评。有计划不认真执行等于没有计划，执行计划不实施

检查等于不执行计划。配货管理部门在计划的执行过程中，要定期对计划的执行情况进行监督检车，评价各项内容的完成进度和质量。

(2)修订和调整配货计划。如果某项内容在执行时发现与计划不符，管理人员要及时查找出现偏差的原因。计划与实际不符的原因主要有两个方面：一方面是客观原因，即市场环境发生了变化，客户的需求也随即发生调整，计划人员要及时研究新的市场需求，修订配货计划。另一方面是主观原因，或是管理人员在制定计划时对情况了解不够，编制计划有误，使实际与计划难以衔接；或是配货人员执行不力，造成计划没有按期完成。前者需要管理人员主动修订计划，后者则要求管理人员加大管理力度，敦促基层配货人员增强责任心。

☞任务评分

班级			姓名		小组		
任务名称		配货作业认知					
考核内容		评价标准	参考分值(100)	学生自评	小组互评	教师评价	考核得分
职业素养情况	1	具有良好的沟通能力	5				
	2	具有信息搜集能力	5				
	3	在任务实施过程中具有较强的总结能力	10				
知识掌握情况	4	掌握配货作业的概念	5				
	5	熟悉配货作业的任务	5				
	6	掌握配货作业的基本原则	10				
	7	掌握配货计划的编制	10				
能力提升情况	8	能够编制配货计划	10				
	9	能够对配货计划进行控制和调整	10				
	10	能够主动搜集所需信息，进行自主学习	10				
参与活动情况	11	积极参与任务实施	5				
	12	积极参与小组讨论	5				
	13	积极回答老师提问	10				
小计							
合计＝自评＊20%＋互评＊40%＋教师评＊40%							

操作习题作业

☞模拟案例

模拟一个课堂，对配货作业的含义、基本原则以及计划编制进行讨论和回答。

☞知识考核

一、单选题

配货主要包括理货和(　　)两个方面的内容。

A. 组装　　B. 组配　　C. 配装　　D. 装卸

二、多选题

1. 配货作业的基本原则有(　　)。

A. 准时性　　B. 可靠性　　C. 方便性　　D. 经济性

2. 配送计划编制的步骤包括(　　)。

A. 进行市场调查

B. 确认配货顺序

C. 确定配货作业具体内容

D. 控制调整

任务二　配货作业流程

☞任务目的

1. 掌握配货作业的流程；
2. 掌握贴标签的方法；
3. 了解分货的分类；
4. 掌握配货检查的内容；
5. 熟悉配货作业中的物流包装。

☞任务内容

柴真毅完成配货作业的认知后，张诚经理拿来一张配货单如表9-1，要求柴真毅根据配货作业流程，完成配货作业。

表 9－1 **配货单**

客户名称：桂林惠民超市　　业务员：白晓晓　　配货员：柴真毅

收货联系人：王博　　联系电话：15507835983

订单日期：2014 年 12 月 25 日　　配货时间：2014 年 12 月 26 日　　发货时间：2014 年 12 月 27 日

序号	品种	规格	需求数量	实际配货		备注
				已发	未发	
1	心心相印（盒巾）	箱	2			
2	清风（卷纸）	箱	2			
3	蓝月亮洗手液	瓶	10			
4	沙宣洗发露	箱	2			
5	沙宣润发素	箱	2			
6	德芙巧克力（盒装）	盒	5			
7	南普陀椰子素饼	袋	20			
8	glico 格力高 注心饼干 百醇	盒	10			
9						
10						
11						
12						
13						
14						
检查记录	数量					签名：
	包装					
	规格差异					日期：
	颜色					

☞任务准备

计算机、互联网、实训室、货物、配货单

G☞任务分工

岗位	岗位职责	主要内容	技能要求与基本素质	对应人员
岗前了解	无	了解配货作业的流程。	了解配货作业的流程以及各个流程中的工作内容和注意事项。	柴真毅
岗前了解	配货员	掌握贴标签的方法。	掌握贴标签的方法，正确完成贴标签作业。	柴真毅
岗前了解	配货员	掌握分货的内容。	能够完成分货作业。	柴真毅
岗前了解	配货员	掌握配货检查的内容。	能够完成配货检查作业。	柴真毅

☞任务资讯

一、配货作业的流程

配货作业是指把拣取分类完成的货品经过配货检验过程后，装入容器和做好标示，再运到配货准备区，等待装车后发运。配货的作业流程如图9－2所示。

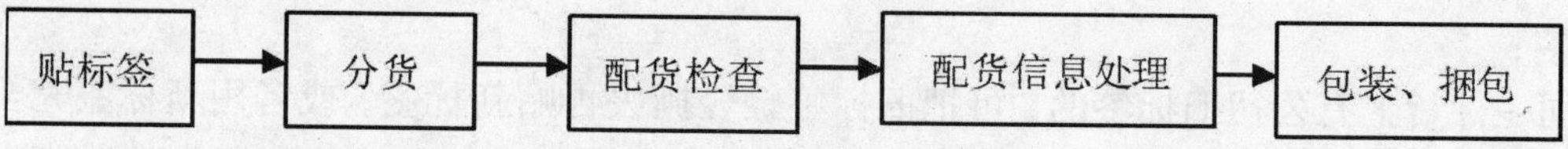

图9－2　配货作业流程

二、标签

(一)认知标签

标签又称标贴，多贴于包装容器上(分为瓶贴、盖贴、封口贴)，也有以吊挂形式处理的。标签的功能在于它的显示性，是最简便、最实用的启示形式，通过标签上的文字、图形、色彩把内容物的品牌、数量、性质等内容告诉消费者。随着现代设计水平的提高和新的印刷材料、工艺的普及，标签的装饰效果也随之提高。常见的标签如图9－3所示。

图9－3　标签

(二)贴标签

标签是用来标志目标的分类或内容，便于自己和他人查找和定位自己目标的工具。贴标签的方式有手工和机械两种。

1. 手工贴标签

(1)操作规范

①贴标签流程：检查与核对标签→找到相应的货物→粘贴标签→加固

②贴标签人员拿到标签后，认真检查与核对标签与货物目的站、件数等是否完全一致。不对应立即通知柜台修改，特别是手写标签。

③按照标签上的目的站、收货人、件数等条件找到相对应的货物。

④确认信息无误后，进行粘贴。

将标签张贴在货物外包装上。标签一般应贴在货物包装的最大面(即最显眼的地方)；

标签方向不仅要同“不可倒置标志”方向保持同一方，而且必须与外包装箱体文字方向保持一致，倒置标志同文字方向相冲突时，以不可倒置方向为准；

包装为木箱或木架的，必须贴两个标签（内物包装和外木包装），以免出现木包装在运输过程中散落后无法确定货物；

包装为纤袋、桶或其他的包装的，贴标签时必须予以加固；

如果是客户不允许贴标签的货物，可用封口胶或纸缠绕在货物中，然后在收缩膜上贴标签；

同一件货上有公司旧标签的，可把旧标签轻轻撕去再贴新标签，或者用新标签完全盖住旧标签。同一件货物绝对不可以出现公司两个不同的标签。

（2）标签粘贴数

①整批货物规格一样，件数在 10 件以上的，贴 1 个标签即可。

②货物在 10 件以下的，必须每件货物都贴标签。

③货物繁杂包装不统一的，必须每件货物都贴标签。

（3）注意事项

①贴标签做到迅速、准确、牢固；

②漏贴、错贴、途中丢失将追究责任人；营业部门所收的货物必须贴标签（整车除外）。

2. 机械贴标签

（1）自动贴标机

自动贴标机的种类很多，功能各异，但基本原理都是相似的。自动贴标机是以黏合剂把纸或金属箔标签粘贴在规定的包装容器上的设备。

自动贴标机可完成平面粘贴，包装物的单面或多面粘贴，柱面粘贴，局部覆盖或全覆盖圆筒粘贴，凹陷及边角部位粘贴等各种作业。

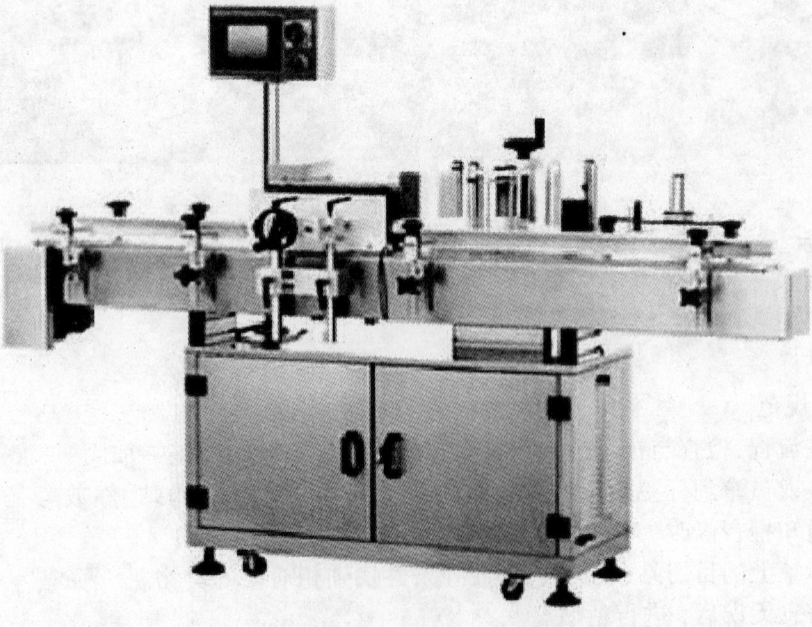

图 9－4　自动贴标机

(2)贴标过程

为当传感器发出贴标物准备贴标的信号后，贴标机上的驱动轮转动。由于卷筒标签在装置上为张紧状态，当底纸紧贴剥离板改变方向运行时，标签由于自身材料具有一定的坚挺度，前端被强迫脱离、准备贴标。此时贴标物体恰好位于标签下部，在贴标轮的作用下，实现同步贴标。贴标后，卷筒标签下面的传感器发出停止运行的信号，驱动轮静止，一个贴标循环结束。

无论是哪种类型的贴标机，贴标过程大致相似，所不同的是：贴标装置的安装位置不同，贴标物体的输理送方式、定位方式不同以及贴标辊的形式不同。

三、分货的分类

分货就是把拣货完毕的商品按用户或配送路线进行分类。分类方式一般有以下几种：

(一)人工分货

人工分货是指分货作业过程全部由人工根据订单或其他传递过来的信息进行，而不借助任何电脑或自动化的辅助设备。

(二)自动分类机分货

自动分类机分货是指利用电脑和自动分类系统完成分货工作。这种方式不仅快速省力，而且准确，尤其适用于多品种、业务繁忙的配送中心。利用自动分类机分货的主要过程如下：

1. 将有关货物及分类信息通过自动分类机的信息输入装置，输入自动控制系统；

2. 当货物通过移载装置移至输送机上时，由输送系统运送至分类系统；

3. 分类系统是自动分类机的主体，这部分的工作过程为先由自动识别装置识别货物，再由分类道口排出装置，按预先设置的分类要求将货物推出分类机。

分类排出方式有推出式、浮起送出式、倾斜滑下式、皮带送出式等，同时为尽早使各货物脱离自动分类机和避免发生碰撞而设置有缓冲装置。

(三)旋转架分类

旋转架分类是将旋转架的每个格位当成客户的出货框，分类时只要在电脑中输入各客户的代码，旋转架即会自动将货架转至作业员面前。

四、配货检查

(一)认知配货检查

配货检查是指根据用户信息和车次对拣送物品进行商品号码和数量的核实，以及对产品状态、品质的检查。

配货检查是对拣货和分货的正确性进行重新确认，一般不应由拣货人员和分货人员来承担此项工作，最好设置专门人员来进行配货检查，这是保证配送工作质量、提高客户服务水平的重要环节。

(二)配货检查的方法

配货检查最原始的做法是纯人工进行，即将货品一个个点数并逐一核对出货单，进而查验配货的品质及状态情况。就状态及品质检验而言，纯人工方式逐项或抽样检查确有其必要性，但对于货物号码及数量核对来说，效率太低且存在错误。因此，目前在数量及号码检查的方式上有许多改进，常用的方法有商品条形码检查法、声音输入检查法和重量计算检查法。

1. 商品条形码检查法

条形码是随货物移动的，检查时用条形码扫描器阅读条形码内容，计算机再自动把扫描信息与发货单对比，从而检查商品数量和号码是否有误。

2. 声音输入检查法

声音输入检查法是一项较新的技术，当作业员发声读出商品名称、代码和数量后，计算机接受声音并自动判识，转换成资料信息与发货单进行对比，从而判断是否有误。此方法的优点在于作业员只需用嘴读取资料，手脚可做其他工作，自由度较高。但需注意的是，此方法要求发音要准确，且每次发音字数有限，否则计算机辨识困难，可能会产生错误。

3. 重量计算检查法

重量计算检查是把货单上的货品重量自动相加起来，再与货品的总重量相对比，检查发货是否正确。

4. 三种配货检查方式的比较

商品条形码检查法、声音输入检查法、重量计算检查法，这三种检查方式的作业程序及效果比较如表 9－2 所示。

表 9－2　三种方式比较

检查方式	作业程序	作业效果
条形码检查	导入条形码，让条形码跟着货物。利用条形码扫描器阅读移动着的货物条形码，计算机自行统计扫描信息，并与出货单进行对比，从而检查货物数量和编号是否有误。	相对于人工检查，效率高，出错率低。
声音输入检查	当物流人员发声读出货物名称、代码和数量后，计算机接受声音并自动判别，转换成资料信息后，与出货单进行对比，从而判断是否有误。	效率高，但要求作业人员发音准，且每次发音字数有限，否则会造成计算机识别困难，进而产生错误。
重量计算检查	利用计算机计算出货单上的所有货物的总重量，再将计算结果与称出的货物的实际重量进行核对。利用装有检核系统的拣货对台车拣货，在拣取过程中就能利用此法来对拣货商品作检查，拣货人员每拣取一样货品，台车上的计重器就会自动显示其重量并做查对。	可省去事后检查工作，而且效率及正确性极高。

五、配货作业的物流包装

配货作业的最后一环，便是对配送货物进行重新包装、打捆，以保护货物，提高运输效率，以及便于配送到户时客户识别各自的货物等。

图9－5　出库包装

包装是物流的必要环节。包装的设计不仅要考虑生产终结的要求，而且要考虑流通的要求，尽量做到包装合理化。包装合理化表现为以下方面：

（一）包装简洁化

由于包装本身只起保护作用，对产品使用价值没有任何意义，因此，在强度、寿命、成本相同的条件下，应采用更轻、更薄、更短、更小的包装，这样可以提高运输、装卸搬运的效率，而且可以减少成本。

（二）包装标准化

包装的规格和托盘、集装箱关系十分密切。因此，包装应考虑到和运输车辆、搬运机械的匹配，从系统的角度制定包装的尺寸标准。标准化的包装规格、单纯化的包装形状和种类有助于提高整体物流效率。

（三）包装机械化

为提高作业效率和包装现代化水平，各种包装机械的开发和应用十分重要。在包装过程中，应尽量运用机械操作，减少人力耗费。

（四）包装单位大型化

随着交易单位的大量化和物流过程中的装卸机械化，包装单位大型化有利于减少包装时间，提高包装效率。

（五）资源节约化

在包装过程中，应加大包装物的再利用程度，以减少过度包装；开发和推广新型包装方式，以减少对包装材料的使用。

☞任务操作

步骤一：贴标签

把印有客户名称、地点、所需商品、数量的标签贴在用于配货的配货箱上。

步骤二：采用人工分货的方法进行分货

柴真毅根据配货单进行分货作业。分货完成后，将各客户订购的商品放入已标示好的各区域或容器中，等待出货。

步骤三：进行配货检查

柴真毅在完成分货作业后，根据客户信息、配货单和车次对拣送物品进行商品号码和数量的核实，以及对产品状态、品质的检查，保证发运前的货物品种、数量、质量无误。配货检查的内容如图 9 –6 所示。

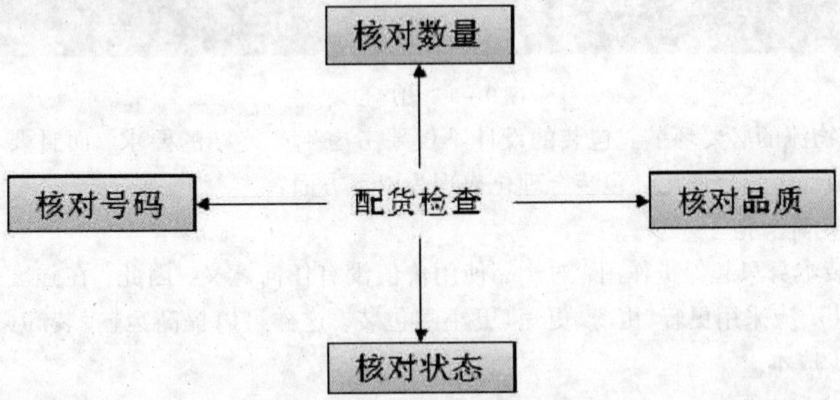

图 9 –6　配货检查的内容

步骤四：配货信息处理

配货过程中要做好配货记录，根据实际情况填写配货表。如图 9 –7 所示。

配　货　单

客户名称：桂林惠民超市　　业务员：白晓晓　　配货员：柴真毅
收货联系人：王博　　联系电话：15507835983
订单日期：14年12月25日　　配货时间：14年12月26日　　发货时间：14年12月27日

序号	品种	规格	需求数量	实际配货		备注
				已发	未发	
1	心心相印（盒巾）	箱	2	2		
2	清风（卷纸）	箱	2	2		
3	蓝月亮洗手液	瓶	10	10		
4	沙宣洗发露	箱	2	2		
5	沙宣润发素	箱	2	2		
6	德芙巧克力（盒装）	盒	5	5		
7	南普陀椰子素饼	袋	20	20		
8	glico 格力高注心饼干 百醇	盒	10	10		
9						
10						
11						
检查记录	数量	正确				签名：柴真毅
	包装	合格				
	规格差异	无				
	颜色	无				日期：14.12.26

图9－7　配货信息处理

步骤五：包装、捆包，完成配货活动

配货的最后一个环节，便是对配送货物进行重新包装、打捆，以保护货物，提高运输效率，以及便于配送到户时客户识别各自的货物等。

在配货作业的物流包装中，柴真毅将零散包装的物品如瓶装的洗手液放入大小合适的箱子中，以实现整箱集中装卸、成组化搬运等，同时减少搬运次数，降低货损，提高配送效率。组合完成后，在外包装上书写产品名称、原料成分、重量、生产日期、生产厂家、产品条形代码、储运说明等，可以便于客户和配送人员识别产品，进行货物的装运。通过扫描包装上的条形码还可以进行货物跟踪，配货人员可以根据包装上的装卸搬运说明对货物进行正确操作。

☞任务评分

班级			姓名		小组		
任务名称	配货作业流程						
考核内容		评价标准	参考分值（100）	学生自评	小组互评	教师评价	考核得分
职业素养情况	1	具有吃苦耐劳的精神	5				
	2	具有较强观察能力，善于发现问题	5				
	3	在任务实施过程中具有较强的总结能力	10				
知识掌握情况	4	掌握配货作业的流程	10				
	5	理解分货的分类	5				
	6	掌握配货检查的方法	10				
	7	掌握物流包装合理化	5				
能力提升情况	8	能够正确地进行贴标签作业	10				
	9	能够完成配货作业	10				
	10	能够主动搜集所需信息，进行自主学习	10				
参与活动情况	11	积极参与任务实施	5				
	12	积极参与小组讨论	5				
	13	积极回答老师提问	10				
小计							
合计 = 自评 * 20% + 互评 * 40% + 教师评 * 40%							

操作习题作业

☞模拟案例

根据以下配货单，学生分组完成配货作业。

配货单

客户名称：桂林惠民超市　　业务员：白晓晓　　配货员：柴真毅

收货联系人：王博　　联系电话：15507835983

订单日期：2014 年 12 月 25 日　　配货时间：2014 年 12 月 26 日　　发货时间：2014 年 12 月 27 日

序号	品种	规格	需求数量	实际配货		备注
				已发	未发	
1	心心相印（盒巾）	箱	2			
2	清风（卷纸）	箱	2			
3	蓝月亮洗手液	瓶	10			
4	沙宣洗发露	箱	2			
5	沙宣润发素	箱	2			
6	德芙巧克力（盒装）	盒	5			
7	南普陀椰子素饼	袋	20			
8	glico 格力高 注心饼干 百醇	盒	10			
9						
10						
11						
12						
13						
14						
检查记录	数量					签名：
	包装					
	规格差异					日期：
	颜色					

☞知识考核

一、单选题

1. 以下不属于配货作业活动的是(　　)。

A. 贴标签　　B. 分货　　C. 分拣　　D. 包装

2. 以下描述错误的是(　　)。

A. 整批货物规格一样，件数在10件以上的，贴1个标签即可

B. 整批货物规格一样，件数在10件以上的，必须每件货物都要贴标签

C. 货物在10件以下的，必须每件货物都贴标签

D. 货物繁杂包装不统一的，必须每件货物都标签

二、多选题

配货检查的内容有(　　)。

A. 核对数量　　B. 核对品质　　C. 核对状态　　D. 核对号码

模块十 10
调度作业

▶学习要点

1. 了解调度作业的概念；
2. 能够完成调度工作。

▶案例导入

柴真毅完成配货作业后，张诚经理觉得他工作表现得不错，于是安排他继续完成调度作业。

任务一 调度作业认知

☞ 任务目的

1. 了解车辆调度的概念；
2. 了解车辆调度的工作特点；
3. 掌握车辆调度的原则；
4. 掌握车辆调度的技术设备。

☞ 任务内容

柴真毅在接到任务后，通过网络、图书、询问同事等途径，对调度作业的概念、工作特点、原则、常用的技术设备进行了了解和学习。

☞ 任务准备

计算机、互联网

☞ 任务分工

岗位	岗位职责	主要内容	技能要求与基本素质	对应人员
岗前了解	无	初步了解调度作业。	初步了解调度作业的概念。	柴真毅
岗前了解	无	掌握调度作业的基本原则。	掌握车辆调度作业的基本原则，能够根据车辆调度的基本原则进行调度作业。	柴真毅

☞ 任务资讯

据统计，美国 2000 年的运输费用为 5900 亿美元，占当年 GDP 总值 99600 亿美元的 5.92%，可见，减少运输费用是有效减少物流成本的重要方面。对于物流中心和第三方物流企业的货物配送，运输车辆的调度是工作的重点，正确合理的调度可以有效减少车辆的空驶率，实现合理路径运输，从而有效减少运输成本，节约运输时间，提高经济效益。

物流配送中心通常会向一些站点配送货物，每个站点对货物量有一定的需求，这些货物往往具有小批量、多品种的特点，这就需要对运输车辆进行配载，配载后的车辆按照一定的运输路线把货物送到各顾客处，完成任务后返回物流中心。如何确定满足用户需求的费用最小的车辆行驶路线，即物流中心配载车辆调度。

☞ 任务操作

步骤一：认知车辆调度的概念

车辆调度是指制定行车路线，使车辆在满足一定的约束条件下，有序地通过一系列装货点和卸货点，达到诸如路程最短、费用最少、耗时最少等目标。

步骤二：了解车辆调度的原则

1. 按制度调度

坚持按制度办事，按车辆使用的范围和对象派车。

2. 科学合理调度

所谓科学性，就是要掌握单位车辆使用的特点和规律。调度合理就是要按照现有车辆的行驶方向，选择最佳行车路线，不跑弯路和绕道行驶；不在一条线路上重复派车；在一般情况下，车辆不能一次派完，要留有备用车辆，以应急需。

3. 灵活机动

所谓灵活机动，就是对于制度没有明确规定而确定需要用车的、紧急的，要从实际出发，灵活机动，恰当处理，不能误时误事。

步骤三：熟悉车辆调度的技术设备

按设备功能可分为三类：

1. 电子计算机及其终端设备，用以存贮、处理信息和编制汽车运行作业计划。

2. 反映车辆在途中运行动态的设备，如调度板、运输网路示意图、各种信号与显示装置和工业闭路电视等。

3. 通信设备，由于汽车运输生产具有流动分散的特点，所以调度机构必须掌握车辆的运行动态，根据变化的情况及时修正运行计划，下达调度命令，实现调度中心与车辆的双向联系（直接与驾驶员联系或经过沿线调度员与驾驶员联系）。用于联系的通信设备主要有有线电话、无线电话（包括语音和数字传输）和各种信号装置。在汽车运行路线固定的条件下，最常用的工具是选号直通电话；对于不固定的路线和长距离路线，常利用市内电话或无线电设备。利用后者时需在调度部门和每辆汽车上都设置无线电话收发机。

步骤四：掌握车辆调度的工作特点

1. 计划性

汽车运输调度工作，必须以生产经营计划特别是运行作业计划为依据，要围绕完成计划任务来开展调度业务。同时，调度人员要不断总结经验，协助计划人员提高生产经营计划的编制质量。

2. 权威性

调度工作必须高度集中统一。要建立一个强有力的生产调度系统，各级调度部门是同级生产指挥员的有力助手。他们应按照计划和临时生产任务的要求，发布调度命令，下一级生产部门和同级有关职能部门必须坚决实行。各级领导人员应当维护调度部门的权威。

☞ 任务评分

班级			姓名		小组		
任务名称		调度作业认知					
考核内容		评价标准	参考分值（100）	学生自评	小组互评	教师评价	考核得分
职业素养情况	1	具有良好的沟通能力	5				
	2	具有信息搜集能力	5				
	3	在任务实施过程中具有较强的规划能力	10				
知识掌握情况	4	理解车辆调度的概念	10				
	5	熟悉车辆调度的原则	5				
	6	掌握车辆调度的工作特点	10				
	7	熟悉车辆调度的技术设备	5				
能力提升情况	8	能够了解对车辆进行调度，降低运输成本	10				
	9	能够掌握以及使用车辆调度的技术设备	10				
	10	能够主动搜集所需信息，进行自主学习	10				
参与活动情况	11	积极参与任务实施	5				
	12	积极参与小组讨论	5				
	13	积极回答老师提问	10				
小计							
合计 = 自评 * 20% + 互评 * 40% + 教师评 * 40%							

操作习题作业

☞ 模拟案例

模拟一个课堂，对调度作业的含义、原则以及工作特点和技术设备进行讨论和回答。

☞知识考核

一、单选题

1. 以下不属于车辆调度的目的是(　　)。

A. 路程最短　　B. 费用合理　　C. 费用最少　　D. 耗时最少

2. 车辆调度的科学合理性原则是指(　　)。

A. 路程最短　　B. 费用合理　　C. 费用最少　　D. 耗时最少

3. 科学合理调度是指(　　)。

A. 按照现有车的行驶方向，选择最佳行车路线，不跑弯路和绕道行驶

B. 按照现有车的行驶方向，选择最佳行车路线，绕道行驶

C. 在一条线路上重复派车

D. 车辆可以一次派完

二、多选题

车辆调度的原则有(　　)。

A. 控制度调度　　B. 科学合理调度　　C. 灵活机动　　D. 计划安排

三、判断题

调度工作，必须以生产经营计划特别是运行作业计划为依据，要围绕完成计划任务来开展调度业务。　　(　　)

任务二　调度作业流程

☞任务目的

1. 熟悉调度作业的流程；
2. 了解车辆调度的总体要求；
3. 理解车辆调度人员的责任；
4. 掌握调度工作的“三熟悉、三掌握、两了解”；
5. 掌握车队工作的要求；
6. 能够完成调度作业。

☞任务内容

张诚经理将一份配送需求：A_1、A_2、A_3 三个配送点分别有化肥40t、30t、30t，需送往四个客户点 B_1、B_2、B_3、B_4，需求量为10t、20t、30t、40t，交给柴真毅，要求他完成车辆的调度工作。

☞任务准备

计算机、互联网、运输实训室

☞任务分工

岗位	岗位职责	主要内容	技能要求与基本素质	对应人员
岗前了解	调度员	初步了解调度作业流程。	初步了解调度作业流程。	柴真毅
岗前了解	调度员	掌握车辆调度的总体要求。	掌握车辆调度的总体要求，能够掌握调度员的工作职责以及车队的工作要求。	柴真毅
岗前了解	调度员	掌握车辆调度的方法。	能够编制车辆调度计划。	柴真毅

☞任务资讯

一、调度作业流程

车辆调度是根据客户的需求、配送中心的配送资源（包括车辆、司机出勤等），道路网情况，综合规划调度对运输作业做出合理的安排和指派并对整个作业过程监控管理，保证高质量、高效率的运输作业管理的过程。调度作业流程如图 10－1 所示。

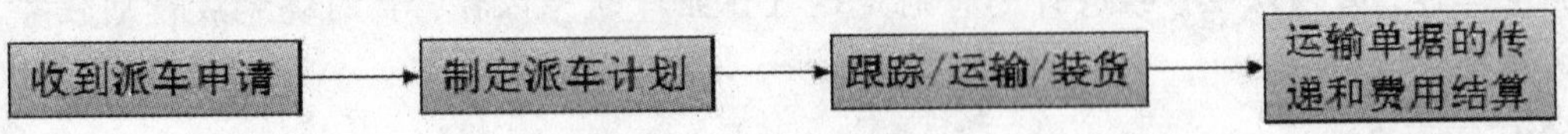

图 10－1　调度作业流程

二、车辆调度的总体要求

各级调度应在上级领导下，进行运力和运量的平衡，合理安排运输，直接组织车辆运行并随时进行监督和检查，保证月度生产计划的实现。

根据运输任务和运输生产计划，编制车辆运行作业计划，并通过作业运行计划组织企业内部的各个生产环节，使其形成一个有机的整体，进行有计划的生产，最大限度地发挥汽车运输潜力。

掌握货物流量、流向、季节性变化，全面细致地安排运输生产，并针对运输工作中存在的主要问题，及时反映，并向有关部门提出要求，采取措施，保证运输计划的完成。

加强现场管理和运行车辆的调度指挥，根据调运情况，组织合理运输，不断研究和改进运输调度工作，以最少的人力、物力完成最多的运输任务。

认真贯彻汽车预防保养制度，保证运行车辆能按时调回进行保养，严禁超载，维护车辆技术状况完好。

三、车辆调度人员的责任

为了做好各项工作，一般调度部门设置计划调度员、值班调度员、综合调度员和调度长。

（一）计划调度员责任

1. 编制、审核车辆平衡方案和车辆运行作业计划，并在工作中贯彻执行，检查总结；

2. 掌握运输计划及重点物资完成情况，及时进行分析研究，提出措施和意见。

（二）值班调度员责任

1. 正确执行车辆运行计划，发布调度命令，及时处理日常生产中发生的问题，保证上下级调度机构之间的联系；

2. 随时了解运输计划和重点任务完成进度，听取各方面反映，做好调度记录，发现有关情况及时向领导汇报；

3. 随时掌握车况、货况、路况，加强与有关单位的联系，保证单位内外协作；

4. 签发行车路单，详细交代任务和注意事项；

5. 做好车辆动态登记工作，收集行车路单及有关业务单据。

（三）综合调度员责任

1. 及时统计运力及其分布、增减情况和运行效率指标；

2. 统计安全运输情况；

3. 统计运输生产计划和重点运输完成进度；

4. 统计车辆运行作业计划的完成情况及保养对号率；

5. 及时绘制有关资料的汇总和保管。

（四）调度长责任

全面领导和安排工作，在调度工作中正确地贯彻执行有关政策法令，充分地发挥全组人员的积极性，确保运输任务的完成。

四、调度工作的“三熟悉、三掌握、两了解”

调度人员通过调查研究，对客观情况必须做到“三熟悉、三掌握、两了解”。

（一）三熟悉

1. 熟悉各种车辆的一般技术性能和技术状况、车型、技种、吨位容积、车身高度、自重、使用性能、拖挂能力、技术设备、修保计划、自编号与牌照号，驾驶员姓名；

2. 熟悉汽车运输的各项规章制度、安全工作条例、交通规则、监理制度的基本内容；

3. 熟悉营运指标完成情况。

（二）三掌握

1. 掌握运输路线、站点分布、装卸现场的条件及能力等情况并加强与有关部门的联系；

2. 掌握货物流量、流向、货种性能、包装规定，不断地分析研究货源物资的分布情况，并能加强与有关部门的联系；

3. 掌握天气变化情况。

（三）两了解

1. 了解驾驶员技术水平和思想情况、个性、特长、主要爱好、身体健康情况、家庭情况等；

2. 了解各种营运单据的处理程序。

五、车队的工作要求

车队在生产上的工作应围绕和服务于汽车运行，为使运行安排和调度命令能够顺利实施，应做好如下工作：

1. 加强对驾驶人员服从调度指挥教育，对不服从调度指挥的驾驶员应进行帮助教育。

2. 车队应经常和调度室取得联系，及时将车队的车辆技术状况，驾驶员身体情况和完成任务等情况告诉调度室，并出席有关业务会议。

3. 驾修合一，车队应按计划保修车辆，提高修保质量，为运输生产提供安全、质好、量大的运车。

4. 及时收集和反映对调度工作的意见，帮助改进调度工作。

5. 车队应主动配合调度部门的工作，不要干预车辆运行。驾驶人员应服从调度指挥，严禁无调度行车，对调度如有意见应向车队和调度室反映，在调度未作更改以前仍不得拒绝执行。

调度部门编制好车辆运行计划，仅仅是调度工作的开始，更主要的是要保证车辆运行计划的全面实施。在运输生产过程中，调度员既是运输生产的参谋，又是车辆运行的指挥员；既是工人、驾驶员的勤务员，又是宣传员。所以驾驶员必须听从调度员的指挥。

在行车作业中，驾驶员遇到各种障碍，调度员可以从组织上、技术上给予帮助，消除障碍。凡是作业计划打乱，不能及时完成，调度员可以适当采取措施，调剂运力，恢复正常运行；如果车辆发生故障，也可与调度员联系派车修理。调度员还可以将各种道路、货源、现场、装卸等变化及时通知驾驶员，以免造成不必要的损失。驾驶员在行车中必须听从调度员的指挥，驾驶员还应将行车中发生的千变万化的情况，及时反映给调度部门，以进一步完善货运计划。

☞ 任务操作

步骤一：调度前的准备工作

着装整洁，佩戴服务证章，管理车辆档案，随时了解运输车辆的车况。

步骤二：接受发运信息

接受各个服务单位的发运信息，并做好信息登记。

如：A_1、A_2、A_3 三个配送点分别有化肥 40t、30t、30t，需送往四个客户点 B_1、B_2、B_3、B_4，需求量为 10t、20t、30t、40t。

步骤三：采用图上作业法分析指定车辆调度计划

1. 绘制交通图

根据客户所需货物汇总情况、交通线路、配送点与客户点的布局，绘制出交通示意图。

根据需求：A_1、A_2、A_3 三个配送点分别有化肥 40t、30t、30t，需送往四个客户点 B_1、B_2、B_3、B_4，需求量为 10t、20t、30t、40t；已知各配送点和客户点的地理位置及它们之间的道路通阻情况，可据此制出相应的交通图，如图 10－2 所示。

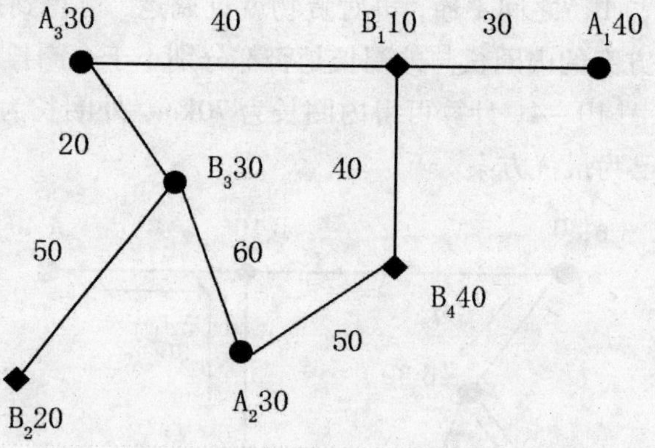

图 10－2　运距运量交通图

2. 将初始调运方案反映在交通图上

任何一张交通图上的线路分布形态无非为成圈与不成圈两类。对于不成圈的，A_1，B_2 的运输，按“就近调运”的原则即可，很容易得出调运方案。其中($A_1 \to B_4$ 70km) < ($A_3 \to B_4$ 80km)，($A_3 \to B_2$ 70km) < ($A_2 \to B_2$ 110km)，先假定($A_1 \to B_4$)，($A_3 \to B_2$)运输。对于成圈的，A_2、A_3 B_1 所组成的圈，可采用破圈法处理，即先假定某两点(A_2 与 B_4)不通(即破圈，如图 10－3所示)，再对货物就近调运，($A_2 \to B_3$)($A_2 \to B_4$)，数量不够的再从第二点调运，即可得出初始调运方案，如图 10－3 所示。在绘制初始方案交通图时，凡是按顺时针方向调运的货物调运线路(如 A_3 至 B_1、B_1 至 B_4、A_2 至 B_3)，其调运箭头线都画在圈外，称为外圈；否则，其调运箭头线(A_3 至 B_3)都画在圈内，称为内圈，或者两种箭头相反方向标注也可。

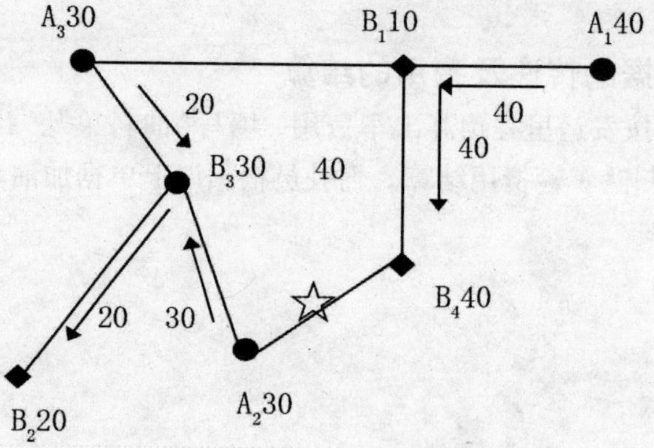

图 10－3　$A_2 \to B_4$ 破圈调运图

3. 检查与调整

面对交通图上的初始调运方案，首先分别计算线路的全圈长、内圈长和外圈长(圈长即指里程数)，如果内圈长和外圈长都分别小于全圈长的一半，则该方案即为最优方案；否则，即为非最优方案，需要对其进行调整。如图 10－3 所示，全圈长($A_2 \to A_3 \to B_1 \to B_2$)为 210km，外圈($A_3 \to B_1$ 40km、$B_1 \to B_4$ 40 km、$A_2 \to B_3$ 60km)长为 140km，大于全圈长的一半，显然，需要缩短外圈长度。调整的方法是在外圈(若内圈对于全圈长的一半，则在内圈)上先假定运量最小的线路两端点(A_3 与 B_1)之间不通，再对货物就近调运，可得到调整方案如图 10－4 所示。然后，再检查调整方案的内圈长与外圈长是否都分别小于全圈长的一半。如此反复至得出最优调运方案为止。图 10－4，计算可得内圈长为 70km，外圈长为 100km，均小于全圈长的小半，可见，该方案已为最优方案。

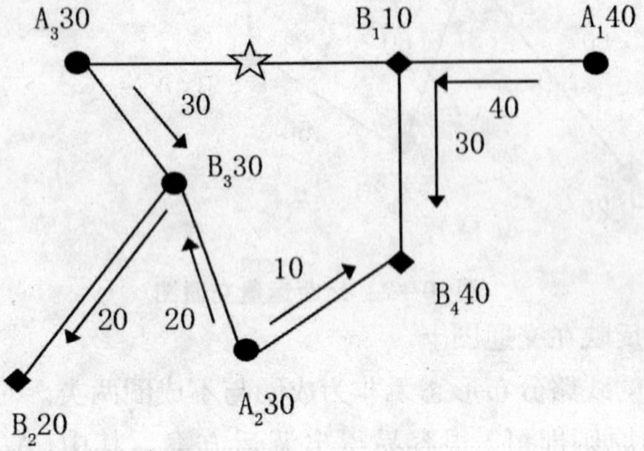

图 10－4 $A_3 \to B_1$ 破圈调运图

步骤四：掌握车辆的在途情况

在安排好车辆、完成装车工作发车后，作为车辆调度员，柴真毅建立收货客户档案，用 GPS 系统来跟踪货物的在途情况，司机也需要及时反馈途中信息，填写跟踪记录，如果货物有异常情况，柴真毅要及时与客户联系。

步骤五：运输单据的传递及费用的结算

同时，柴真毅还要按发运里程预算出车费用，填写“油料单”、“出车费用单”，登记发运单据、返回单据传递和归队车辆费用结算。驾驶员根据以上单据加油、支款。

☞ 任务评分

班级			姓名		小组		
任务名称		调度作业流程					
考核内容		评价标准	参考分值（100）	学生自评	小组互评	教师评价	考核得分
职业素养情况	1	具有良好的沟通能力	5				
	2	具有清晰的思路	5				
	3	在任务实施过程中具有较强的控制能力	10				
知识掌握情况	4	掌握仓储管理的概念	5				
	5	熟悉车辆调度的总体要求	10				
	6	掌握车辆调度人员的责任	10				
	7	理解调度工作的“三熟悉、三掌握、两了解”	5				
能力提升情况	8	能够掌握调度作业流程，完成车辆调度人员的责任	10				
	9	能够运用图上作业法完成车辆的调度和完成配送路线的选择	10				
	10	能够主动搜集所需信息，进行自主学习	10				
参与活动情况	11	积极参与任务实施	5				
	12	积极参与小组讨论	5				
	13	积极回答老师提问	10				
小计							
合计 = 自评 * 20% + 互评 * 40% + 教师评 * 40%							

操作习题作业

☞ 模拟案例

A_1、A_2、A_3 三个配送点分别有化肥40t、30t、30t，需送往四个客户点 B_1、B_2、B_3、B_4，需求量为10t、20t、30t、40t，相应的交通图，如图10－5所示，请完成车辆的调度工作。

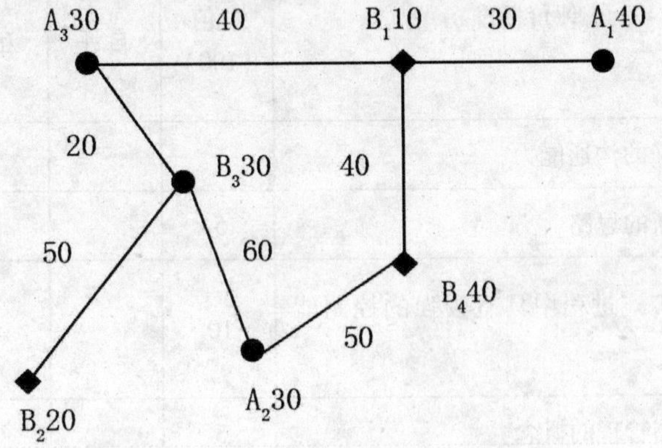

图10－5　运距运量交通图

☞ 知识考核

一、单选题

1. 以下属于计划调度员责任的是(　　)。

A. 正确执行车辆运行计划，发布调度命令，及时处理日常生产中发生的问题，保证上下级调度机构之间的联系

B. 编制、审核车辆平衡方案和车辆运行作业计划，并在工作中贯彻执行，检查总结

C. 随时了解运输计划和重点任务完成进度，听取各方面反映，做好调度记录，发现有关情况及时向领导指示、汇报

D. 统计安全运输情况

2. 掌握运输计划及重点物资完成情况，及时进行分析研究，提出措施和意见属于(　　)的责任。

A. 计划调度员

B. 值班调度员

C. 综合调度员

D. 调度长

3. 调度作业的作业流程是(　　)。

①制定派车计划　②跟踪/运输/装货　③收到派车申请　④运输单据的传递和费用结算

A. ①②③④　　B. ③①②④　　C. ③②①④　　D. ①③②④

二、多选题

1. 调度工作的“三熟悉”是指(　　)。

A. 熟悉各种车辆的一般技术性能和技术状况、车型、技种、吨位容积、车身高度、自重、使用性能、拖挂能力、技术设备、修保计划、自编号与牌照号，驾驶员姓名

B. 熟悉汽车运输的各项规章制度、安全工作条例、交通规则、监理制度的基本内容

C. 熟悉运输路线、站点分布、装卸现场的条件及能力等情况并加强与有关部门的联系

D. 熟悉营运指标完成情况

2. 为使运行安排和调度命令能够顺利实施，车队应做好如下工作(　　)。

A. 及时收集和反映对调度工作的意见，帮助改进调度工作

B. 车队应按计划保修车辆，提高修保质量，为运输生产提供安全、质好、量大的运车

C. 加强对驾驶人员服从调度指挥教育，对不服从调度指挥的驾驶员应进行帮助教育

D. 车队应经常和调度室取得联系，及时将车队的车辆技术状况，驾驶员身体情况和完成任务等情况告诉调度室，并出席有关业务会议

三、判断题

1. 车队要主动配合调度部门的工作，并可以干预车辆运行。　(　　)

2. 调度前，调度员要着装整洁，佩戴服务证章，管理车辆档案，随时了解运输车辆的车况。　(　　)

模块十一 11
送货作业

▶学习要点

1. 了解送货作业的概念；
2. 能够完成送货工作。

▶案例导入

柴真毅完成调度作业后，工作能力越来越强，于是张诚经理安排他继续完成送货作业。

任务一　送货作业认知

☞ 任务目的

1. 了解送货作业的概念；
2. 了解送货管理的重要性；
3. 理解送货作业的影响因素；
4. 掌握提高送货效率的措施。

☞ 任务内容

柴真毅在接到张诚经理下达的任务后，通过网络、图书、询问同事等途径，对送货的概念、送货的基本原则、送货计划的编制等进行了了解和学习。

☞ 任务准备

计算机、互联网

☞ 任务分工

岗位	岗位职责	主要内容	技能要求与基本素质	对应人员
岗前了解	无	初步了解送货作业。	初步了解送货作业的概念。	柴真毅
岗前了解	无	掌握送货的影响因素。	掌握送货的影响因素，根据影响因素采取相应的送货措施。	柴真毅
岗前了解	无	掌握提高送货效率的措施。	能够应用这些措施提高送货效率。	柴真毅

☞ 任务资讯

一、送货作业的定义

送货作业是指利用配送车辆把用户订购的物品从制造厂、生产基地、批发商、经销商或配送中心，送到用户手中的过程。

二、送货管理的重要性

配送作业管理的困难在于其可变因素太多，且因素与因素间往往又相互影响，因而很容易遇到下述问题：

◆从接受订货至出货非常费时

◆配送计划难以制定

◆配送路径的选择不顺利
◆装卸货时间太长，导致配送效率低下
◆无法按时配送交货
◆配送业务的评价基准不明确
◆驾驶员的工作时间不均，产生抱怨
◆物品配送过程的损毁与遗失
◆送货费用过高，影响整个配送中心的运作成本

上述这些问题的发生，会严重影响到配送质量，影响配送服务水平。由于配送作业环节直接面对客户，因而显得更加重要。

三、送货作业的影响因素

影响送货效果的因素很多，既有动态因素也有静态因素。动态因素如车流量的变化、道路施工、配送客户的变动、可供调动的车辆变动等；静态因素如配送客户的分布区域、道路交通网络、车辆运行限制等。各种因素互相影响，很容易造成送货不及时、配送路径选择不当、贻误交货时间等问题。因此，需要对送货进行有效的管理，否则不仅会影响配送效率和信誉，而且将直接导致送货成本的上升。

☞ 任务操作

步骤一：认知送货作业的概念

送货作业是指利用配送车辆把用户订购的物品从制造厂、生产基地、批发商、经销商或配送中心，送到用户手中的过程。

送货通常是一种短距离、小批量、高频率的运输形式。它以服务为目标，以尽可能满足客户需求为宗旨。从日本配送运输的实践来看，配送的有效距离最好在50km半径以内，国内配送中心、物流中心，其配送经济里程大约在30km以内。送货是运输中的末端运输、支线运输，因此，如何集中车辆调度，组合最佳路线，采取巡回送货方式，是配送活动中送货组织需要解决的主要问题。

步骤二：理解送货服务的要求

配送是配送中心作业最终及最具体直接的服务表现，其服务要点有下列各项：

1. 时效性

时效是流通业客户最重视的因素，也就是要确保能在指定的时间内交货。由于配送是从客户订货至交货各阶段中的最后一阶段，也是最容易无计划性延误时程的阶段（配送中心内部作业的延迟较易掌握，可随时调整），一旦延误便无法弥补。且即使内部阶段稍稍延迟，若能规划一个良好的配送计划则仍可能补救延迟的时间，因而配送作业是掌控时效的关键点。

一般未能掌握配送时效性的原因，除司机本身问题外，不外乎所选择的配送路径路况不当，或中途客户点卸货不易以及客户未能及时配合等所引起，因此往往需慎选配送路径，或增加卸货人员辅助每点的卸货，才能让每位客户都在期望时间收到期望之货。

2. 可靠性

指将物品完好无缺地送达目的地，这主要取决于配送人员的责任心和素质。以配送而

言，要达到可靠性目标，关键原则在于：

◆装卸货时的细心程度

◆运送过程对物品的保护

◆对客户地点及作业环境的了解

◆配送人员的素质

若配送人员能随时注意这几项原则，物品就能以最好的品质送到客户手中。

3. 沟通性

配送人员不仅仅是把物品交送到客户手中，也是客户最直接接触的人员，因而其表现出的态度、反应会给客户留下直接的印象，无形中便成为公司形象的体现，因而配送人员应能与顾客做相对的沟通，且具备良好的服务态度，这将维护公司的形象，并巩固客户的忠诚度。

4. 便利性

配送最主要是要让顾客觉得方便，因而对于客户点的送货计划，应采取较具灵活性的系统，才能够随时提供便利的服务，例如紧急送货、信息传送、顺道退货、辅助资源回收等。

5. 经济性

满足客户的服务需求，不仅品质要好，价格也是客户重视的要项。因而若能让配送中心本身运作有效率，成本控制得当，自然对客户的收费也会低廉，也就更能以经济性来抓住客户了。

步骤三：掌握提高送货效率的措施

为提高送货效率，可采用的措施包括以下几种：

1. 消除交错送货。消除交错送货，可以提高整个配送系统的送货效率。例如，将原直接由各工厂送至各客户的零散路线利用配送中心来做整合并调配转送，这样可缓解交通网路的复杂程度，且可大大缩短运输距离。

2. 开展直配、直送。由于“商物分流”，订购单可以通过信息网络直接传给厂商，因此各工厂的产品可从厂商的物流中心直接交货到各零售店。这种利用直配、直送的方式可大幅简化物流的层次，使得中间的代理商和批发商不设存货，下游信息也能很快地传达到上游。

3. 采用标准的包装器具。配送不是简单的“送货上门”，而要运用科学而合理的方法选择配送车辆的吨位、配载方式，确定配送路线，以达到“路程最短、吨公里最小”的目标。采用标准的包装工具，如托盘，可以使送货中货物的搬运、装卸效率提高，并便于车辆配装。

4. 建立完善的信息系统。完善的信息系统能够根据交货配送时间，车辆最大积载量，客户的订货量、个数、重量来选出一个最经济的配送方法；根据货物的形状、容积、重量及车辆的能力等，由电脑自动安排车辆和装载方式，形成配车计划；在信息系统中输入每一客户点的位置，电脑便会依最短距离找出最便捷的路径。

5. 改善运货车辆的通信。健全的车载通信设施，可以把握车辆及司机的状况、传达道路信息或气象信息、掌握车辆作业状况及装载状况、传递作业指示、传达紧急信息指令、提高运行效率及安全运转。

6. 均衡配送系统的日配送量。通过和客户沟通，尽可能使客户的配送量均衡化，这样能有效地提高送货效率。为使客户的配送量均衡，通常可以采用对大量订货的客户给予一定的折扣、制订最低订货量、调整交货时间等办法。

☞ 任务评分

班级			姓名		小组		
任务名称		送货作业认知					
考核内容		评价标准	参考分值（100）	学生自评	小组互评	教师评价	考核得分
职业素养情况	1	具有良好的沟通能力	5				
	2	具有信息搜集能力	5				
	3	在任务实施过程中具有较强的总结能力	10				
知识掌握情况	4	掌握送货作业的概念	10				
	5	熟悉送货管理的重要性	5				
	6	掌握送货作业的影响因素	10				
	7	理解送货服务的要求	5				
能力提升情况	8	能够了解影响送货作业的因素并避免	10				
	9	能够掌握提高送货效率的措施	10				
	10	能够主动搜集所需信息，进行自主学习	10				
参与活动情况	11	积极参与任务实施	5				
	12	积极参与小组讨论	5				
	13	积极回答老师提问	10				
小计							
合计 = 自评 * 20% + 互评 * 40% + 教师评 * 40%							

操作习题作业

☞ 模拟案例

模拟一个课堂，对送货作业的的含义、送货作业的影响因素以及送货服务的要求等进行讨论和回答。

☞ 知识考核

一、单选题

在送货过程中，慎选配送路径，或增加卸货人员辅助每点的卸货，让每位客户都在期望时间收到期望之货，这样做是为了完成送货服务要求中的(　　)。

A. 可靠性　　B. 时效性　　C. 便利性　　D. 经济性

二、多选题

1. 为提高送货效率，可采用的措施有(　　)。

A. 消除交错送货

B. 开展直配、直送

C. 采用标准的包装器具

D. 改善运货车辆的通信

2. 送货服务的要求有(　　)。

A. 时效性　　B. 可靠性　　C. 沟通性　　D. 便利性　　E. 经济性

三、判断题

送货作业是指利用配送车辆把用户订购的物品从制造厂、生产基地、批发商、经销商或配送中心，送到用户手中的过程。(　　)

任务二　送货作业流程

☞ 任务目的

1. 掌握送货作业的流程；
2. 了解运输装载的概念；
3. 掌握货物的分类；
4. 理解运输装载的原则；
5. 能够完成送货作业。

☞ 任务内容

九州通物流公司配送中心接到桂林市6个连锁超市的订单，各个连锁超市具体信息见表11－1，它们之间的距离和每一处的运输货运量见表11－2；运输车辆有2.5吨和4吨两种货车，柴真毅需要根据这些信息确定运输路线，完成送货作业。

表11－1　　具体信息表

节点代号及名称	地址
九州通物流公司配送中心	广西壮族自治区桂林市九华路18号
B－1号超市	广西壮族自治区桂林市叠彩区中山北路71－4号
C－2号超市	广西壮族自治区桂林市七星区环城北二路30号
D－3号超市	广西壮族自治区桂林市七星区东江路190号
E－4号超市	贵州省贵阳市花溪区佳苑巷
F－5号超市	广西壮族自治区桂林市七星区码坪街16号
G－6号超市	广西壮族自治区桂林市象山区新桥园巷67号

表11－2　　运输距离和货运量

地点	AB	AC	AD	AF	AE	AG	BC	CD	DF	EF	EG	FG
距离	9	12	12	24	20	21	9	10	19	6	1	6
货运量	0.8	0.7	1.0	1.1	1.75	1.15	—	—	—	—	—	—

☞ 任务准备

计算机、互联网、运输实训室

☞ 任务分工

岗位	岗位职责	主要内容	技能要求与基本素质	对应人员
岗前了解	送货员	初步了解送货作业。	初步了解送货作业的概念以及工作内容。	柴真毅
岗前了解	装卸工	掌握运输配载的原则。	掌握配载的原则，能够根据配载的原则完成车辆装载工作。	陈东
岗前了解	送货员	掌握送货作业的基本流程。	能够将货物运送到客户手中。	柴真毅

☞ 任务资讯

一、送货作业流程

送货的一般作业流程如图 11－1 所示。

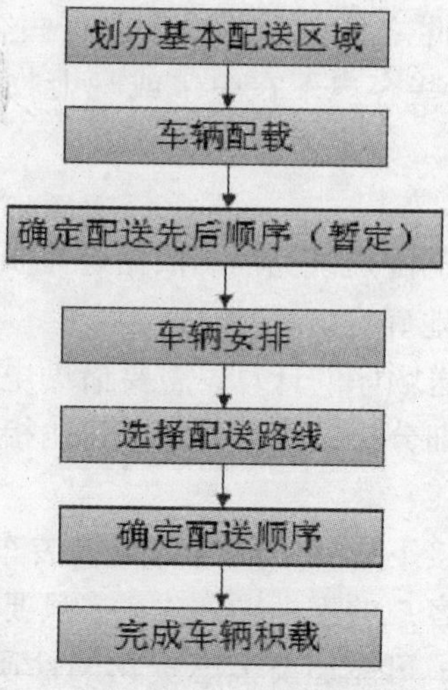

图 11－1　配送运输基本作业流程

（一）划分基本配送区域

为使整个配送有一个可循的基本依据，应首先将客户所在地的具体位置作一系统统计，并将其作区域上的整体划分，将每一客户囊括在不同的基本配送区域之中，以作为下一步决策的基本参考。如，按行政区域或依交通条件划分不同的配送区域，在这一区域划分的基础上再作弹性调整来安排配送。

（二）车辆配载

由于配送货物品种、特性各异，为提高配送效率，确保货物质量，必须首先对特性差异大的货物进行分类。在接到订单后，将货物依特性进行分类，以分别采取不同的配送方式和运输工具，如按冷冻食品、速食品、散装货物、箱装货物等分类配载；其次，配送货物也有轻重缓急之分，必须初步确定哪些货物可配于同一辆车，哪些货物不能配于同一辆车，以做好车辆的初步配装工作。

（三）暂定配送先后顺序

在考虑其他影响因素，做出确定的配送方案前，应先根据客户订单要求的送货时间将配送的先后作业次序作一概括的预订，为后面车辆积载做好准备工作。计划工作的目的，是为了保证达到既定的目标，所以，预先确定基本配送顺序可以既有效地保证送货时间，又可以尽可能提高运作效率。

车辆安排要解决的问题是安排什么类型、吨位的配送车辆进行最后的送货。一般企业拥有的车型有限，车辆数量也有限，当本公司车辆无法满足要求时，可使用外雇车辆。在保证配送运输质量的前提下，是组建自营车队，还是以外雇车为主，则须视经营成本而定。但无论自有车辆还是外雇车辆，都必须事先掌握有哪些车辆可供调派并符合要求，即这些车辆的容量和额定载重是否满足要求；另外，安排车辆之前，还必须分析订单上货物的信息，如：体积、重量、数量等对于装卸的特别要求等，综合考虑各方面因素的影响，做出最合适的车辆安排。

(四)选择配送线路

知道了每辆车负责配送的具体客户后，如何以最快的速度完成对这些货物的配送，即如何选择配送距离短、配送时间短、配送成本低的线路，这需根据客户的具体位置、沿途的交通情况等做出优先选择和判断。除此之外，还必须考虑有些客户或其所在地点环境对送货时间、车型等方面的特殊要求，如有些客户不在中午或晚上收货，有些道路在某高峰期实行特别的交通管制等。

(五)确定最终的配送顺序

做好车辆安排及选择好最佳的配送线路后，依据各车负责配送的具体客户的先后，即可将客户的最终配送顺序加以明确地确定。

另外，对于多个配送点的配送顺序的计算，需要借助电脑建立数学模型，以求得最佳路线，这方面的知识这里就不做详细分析，读者可参考其他相关资料。

(六)完成车辆积载

明确了客户的配送顺序后，接下来就是如何将货物装车，以什么次序装车的问题，即车辆的积载问题。原则上，知道了客户的配送顺序先后，只要将货物依"后送先装"的顺序装车即可。但有时为了有效利用空间，可能还要考虑货物的性质(怕震、怕压、怕撞、怕湿)、形状、体积及重量等作出弹性调整。此外，对于货物的装卸方法也必须依照货物的性质、形状、重量、体积等来做具体决定。

在以上各阶段的操作过程中，需要注意的要点有：

①明确订单内容；

②掌握货物的性质；

③明确具体配送地点；

④适当选择配送车辆。

二、运输装载概述

在公路运输中，进行运输作业的主要工具为汽车。由于运输货物的比重、体积及包装形式各不相同，在对汽车进行装载时，既要考虑车辆载重，又要考虑车辆容积，使车辆的载重和容积都能够得到有效利用。运输装载作业指的是如何对货物进行装车，合理排列、堆放箱内货物，从而保证货物的质量和数量完好完整，同时尽可能提高车辆容积的利用以及车辆的装载量，进而提高车辆的利用率。图 11－2 为货物装载的方式之一。

图 11－2　货物装载方式之一

三、货物的分类

公路运输的货物一般可分为重货、泡货和勿压货。

抛货又叫泡货，通俗的讲就是轻货。重货与泡货是按照货物的密度来区分的，如果1立方重300公斤，那么该种货物就是重货，否则就是泡货。图11－3为重货，图11－4为泡货。

图11－3　钢管

图11－4　棉花

易碎类的货物比如灯饰、玻璃类产品，如图11－5所示。

图11－5　玻璃制品

四、运输装载的原则

(1)轻重搭配的原则。车辆装货时，必须将重货置于底部，轻货置于上部，避免重货压坏轻货，并使货物重心下移，从而保证运输安全。

(2)大小搭配的原则。货物包装的尺寸有大有小，为了充分利用车厢的内容积，可在同一层或上下层合理搭配不同尺寸的货物，以减少箱内的空隙。

(3)货物性质搭配原则

拼装在一个车厢内的货物，其化学性质、物理属性不能互相抵触。如不能将散发臭味的货物与具有吸臭性的食品混装；不将散发粉尘的货物与清洁货物混装；有毒货物不得与食用类货物混装。

(4)到达同一地点的适合配装的货物应尽可能一次积载。

(5)根据车厢的尺寸、容积，货物外包装的尺寸来确定合理的堆码层次及方法。

(6)装载时不允许超过车辆所允许的最大载重量。

(7)装载易滚动的卷状、桶状货物，要垂直摆放。

(8)货与货之间，货与车辆之间应留有空隙并适当衬垫，防止货损。

(9)装货完毕，应在门端处采取适当的稳固措施，以防开门卸货时，货物倾倒造成货损。

(10)尽量做到“先送后装”,即同一车中有目的地不同的货物时，要把先到站的货物放在易于装卸的外面和上面，后到站的货物放在里面和下面。

(11)怕压、易碎、易变形的货物，在装载时要采取防护措施。

(12)货物的标签朝外，以方便装卸。

(13)成件货物集装化，粉粒状货物散装化。成件货物应尽可能集装成托盘系列、集装箱、货捆、货架、网袋等货物单元再进行装载作业。各种粉粒状货物尽可能采用散装化作业，直接装入车厢。大量化的粉粒状货物也可装入专用托盘、集装箱、集装袋内，提高货物活性指数，便于采用机械设备进行装卸作业。

(14)将渗水货物与易受潮货物分开装载。

(15)为了减少或避免差错，尽量把外观相近、容易混淆的货物分车装载。

(16)货物横向不得超出车厢宽度，前端不得超出车身，后端不得超出车厢的长度为：大货车不超过 2 米；载重量 1 吨以上的小型货车不得超过 1 米；载重量 1 吨以下的小型货车不得超过 50 厘米。

(17)堆码高度不能太高。车辆堆装高度一是受限于道路高度限制；二是道路运输法规规定，如大型货车的高度从地面起不得超过 4 米，载重量 1 吨以上的小型货车不得超过 2.5 米；载重量 1 吨以下的小型货车不得超过 2 米。

☞ 任务操作

步骤一：划分基本配送区域

根据任务内容给出的信息，在地图上得出的超市的具体位置如图 11 -6 各个运输节点地图所示。且这几个配送点的客户均为超市，货物性质基本一致，可划分统一配送区域，并根据资料得出运输距离和货运量图，如图 11 -7 所示。

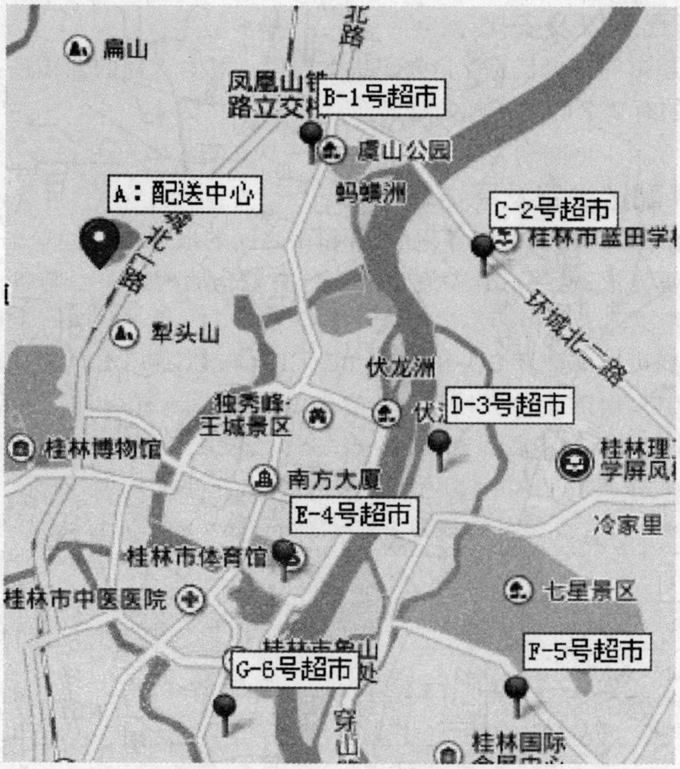

图 11－6　各个运输节点地图

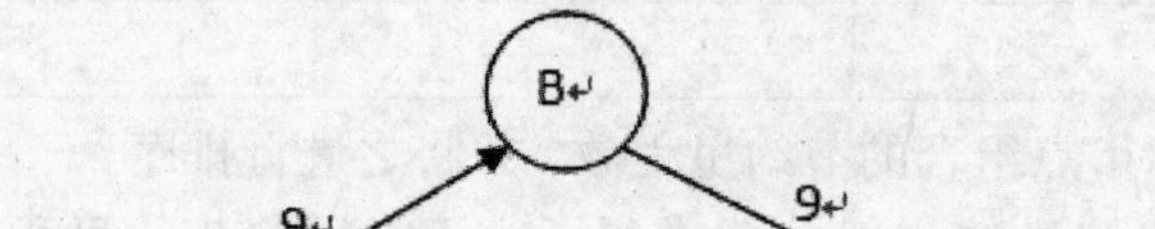

图 11－7　运输距离和货运量

步骤二：车辆配载以及安排

柴真毅要根据超市的订单信息，完成配货工作后，根据货物的性质进行配载。由任务内容可知，本次配送的有 2.5 吨和 4 吨两种货车。

步骤三：选择配送线路及配送顺序

方法 1：计算仓储配送中心 A 到各超市、各超市之间的最短距离。

最短距离的计算方法：从终点开始逐步推算。由于仓储配送中心与各个超市只有一个节点，故它们之间的距离即为最短距离。因这些数据在表 11－2 中已知，所以只需要算各个超市之间的最短距离即可。即计算 BD、BE、BF、BG、CE、CF、CG 和 DE 的距离。

以 CE 的计算为例：由图 11－7 所示，与终点 E 相联结的有 A 和 F，从 C－A－E 距离为 12＋20＝32，从 C－D－F－E 距离为 10＋19＋6＝35，所以从 C 至 E 的最短距离为 C－A－E，距离为 32 公里。同理可求得其他各个客户之间的最短距离，见表 11－3 所示。

表 11－3　最短距离表

	A						
B	9	B					
C	12	9	C				
D	12	19	10	D			
E	20	29	32	25	E		
F	24	33	29	19	6	F	
G	21	30	33	25	1	6	G

方法 2：计算各个超市点组合的节约里程数，并将之进行排序。

节约里程数可由节约量的一般公式求得。如 EG 间的节约里程数为 AE＋AG－EG＝20＋21＝1＝40 公里。同理可求得其他各个超市之间的节约里程数，见表 11－4 所示。

表 11－4　节约里程数

序号	1	2	3	4	5	6	7	8	9	10	B	B	B	C	C
组合	EG	FG	EF	DF	CD	BC	DG	CF	DE	BD	E	F	G	E	G
节约里程数	40	39	38	17	14	12	8	7	7	2	0	—	—	—	—

由表 11－4 节约里程数计算表可以看出：

（1）EG 节约里程最大，从表 11－2 中得知，它们的货运量是 1.75＋1.15＝2.9 吨，载货车载重限度内，可以入选。

（2）FG 的货运量为 1.1 吨，正好可以与 2.9 吨拼装为一辆 4 吨货车的载运量，它们相互衔接成一条运输路线 A－E－G－F－A。全程距离为 20＋1＋6＋24－51 公里。

因 4 吨货车已装满，所以应该考虑第二条运输路线。

（3）C、D 运输货物量是 1.0＋0.7＝1.7 吨，在货车载重限度内，可以将 B 点 0.8 吨货物集中在一起，拼装成一辆 2.5 吨货车的载运量，形成第二条配送路线 A－B－C－D－A 或 A－D－C－B－A。全程距离为 9＋9＋10＋12＝40 公里。

综上所述，此案例的运输路线优化后确定为两条，即 A－E－G－F－A 和 A－B－C－D－A

(A－D－C－B－A)，总行程为 51＋40＝91 公里。

步骤四：完成车辆积载

根据以上线路，以 A－B－C－D－A 线路为例，B、C、D 线路的配送任务重，货物的性质和车辆规格如表 11－5 和表 11－6 所示。根据这些信息，陈东要执行装载操作。

表 11－5　　送货单

送货单 1－B 超市					
序号	货物名称	包装材质	数量	货物性质	包装尺寸/cm
1	LED 展屏	木箱	3	抛货	200＊80＊40
2	地毯	纸皮	4	重货	400＊23＊23
3	热水器	纸箱	3	抛货	150＊50＊50
4	吉他盒	纸箱	2	勿压	80＊70＊50
送货单 2－C 超市					
序号	货物名称	包装材质	数量	货物性质	包装尺寸/cm
1	LED 展屏	木箱	4	抛货	200＊80＊40
2	地毯	纸皮	4	重货	400＊23＊23
3	热水器	纸箱	3	抛货	150＊50＊50
4	吉他盒	纸箱	2	勿压	80＊70＊50
送货单 3－D 超市					
序号	货物名称	包装材质	数量	货物性质	包装尺寸/cm
1	LED 展屏	木箱	2	抛货	200＊80＊40
2	地毯	纸皮	2	重货	400＊23＊23
3	热水器	纸箱	3	抛货	150＊50＊50
4	吉他盒	纸箱	2	勿压	80＊70＊50

表 11－6　　车辆规格

车辆规格		
载重/t	车厢规格/cm	容积/m^3
2.5	420＊180＊185	18

1. 确定装载顺序

按照先送后装的原则，进行货物的装载，由案例中要求可知先送订单为国美电器，后送订单为苏宁电器。因此，先装载苏宁电器的货物，后装载国美电器的货物。

2. 装载操作

LED 展屏：由于 LED 展屏包装材质是木箱，可直接使用叉车装载。

地毯:地毯是超长重货，人工操作难度大，因此选择自动化传送带进行装载，如图 11 -8 所示。

图 11 -8　车辆的装载

热水器和吉他盒:该两类货物是纸箱包装，拣货后直接放到托盘上，然后使用叉车进行装载作业。

根据以上的实施步骤，我们得到以下的运输装载计划示意图，如下图 11 -9 所示。

图 11 -9 装载后车厢俯瞰图

3. 车厢内货物安全加固措施

由装载结果图所示，货物装载之后的车厢是有空隙的，这些空隙在运输中会使货物产生碰撞、移位、挤压等现象，从而使货物受损。因此，货物装载完之后的安全加固措施是必须的。针对此案例，建议使用活动板来进行车厢内货物的加固。活动板可使用木板、铁板等材质。考虑到货物的性质，可使用木板来进行加固。如图 11 -10 所示。

图 11－10　加固木板

车厢内货物进行加固后的示意图如图 11－11 所示。

图 11－11　车厢内货物加固后示意图

步骤五：进行送达作业

1. 送货员形象检查

(1)送货作业时必须穿公司工服，保持干净整洁，保持良好的服务形象；

(2)男士留短发，要修剪整齐、长不过耳，禁止留光头，禁止染发；

(3)胡须剃净，身体裸露部位不得有纹身；

(4)送货过程只能穿布鞋、球鞋或皮鞋，严格禁止穿拖鞋进行送货作业。

2. 联系客户

(1)根据安排好的配送路线，并注意备注上的时间要求，对客户送货路线先后顺序编号，估算到达的大概时间，并进行电话联系确认；

(2)送货人员配送至少提前2小时联系顾客告知其预计上门的时间，若给顾客承诺大概的到达时间，承诺时间误差控制在1小时以内；

(3)对于延误送货，如果无法按承诺时间送货，超过承诺时间半个小时，必须与顾客取得联系，告诉顾客延误的原因，请求客户谅解；

(4)电联不上顾客的，如顾客电话无人接听，每隔十五分钟电话联系一次，不少于三次。

3. 货物到达及搬运

(1)货物到达后，应主动向顾客介绍其身份并出示工作证，请顾客出示发票和回执联，送货员对回执联、发票进行认真核对，同时请顾客对商品进行核对，确保商品无误；

(2)搬运过程中应按顾客要求逐一轻放。

4. 回执联签收

(1)对于需要开箱验货或顾客要求送货人员开箱验货的，在顾客对开箱后的商品确认无误后，送货人员应请顾客在回单中填写“货收××件，已验收，商品全”，并签名；

(2)对于不需要开箱验货的，送货员需顾客在回单上填写“货物××件，不要求开箱、包装完好”，并签名；

(3)对于顾客不要求送货员开箱验货的，送货员需请顾客在回执单上填写“货物××件，不要求开箱，包装完好”，并签名。

5. 完成送货

送货完成后，要与顾客道别：感谢您对我们本次服务的配合，后期如您有什么需求，请您拨打九州通配送中心服务专线0773－2694408，再见！

☞ 任务评分

班级			姓名		小组		
任务名称	送货作业流程						
考核内容		评价标准	参考分值（100）	学生自评	小组互评	教师评价	考核得分
职业素养情况	1	具有良好的沟通能力	5				
	2	具有吃苦耐劳的精神	5				
	3	在任务实施过程中具有较强的总结能力	10				
知识掌握情况	4	掌握送货作业的流程	10				
	5	熟悉运输装载的定义	5				
	6	掌握货物的分类	10				
	7	理解运输装载的原则	5				
能力提升情况	8	能够了解运输装载的，并完成装载作业	10				
	9	能够掌握选择配送路线的方法，并能够进行配送路线的优化	10				
	10	能够主动搜集所需信息，进行自主学习	10				
参与活动情况	11	积极参与任务实施	5				
	12	积极参与小组讨论	5				
	13	积极回答老师提问	10				
小计							
合计 = 自评 * 20% + 互评 * 40% + 教师评 * 40%							

操作习题作业

☞ 模拟案例

九州通物流公司配送中心接到桂林市6个连锁超市的订单，各个连锁超市具体信息见表11－7，它们之间的距离和每一处的运输货运量见表11－8；运输车辆有2.5吨和4吨两种货车，请根据这些信息确定运输路线，完成送货作业。

表11－7　　具体信息表

节点代号及名称	地址
九州通物流公司配送中心	广西壮族自治区桂林市九华路18号
B－1号超市	广西壮族自治区桂林市叠彩区中山北路71－4号
C－2号超市	广西壮族自治区桂林市七星区环城北二路30号
D－3号超市	广西壮族自治区桂林市七星区东江路190号
E－4号超市	贵州省贵阳市花溪区佳苑巷
F－5号超市	广西壮族自治区桂林市七星区码坪街16号
G－6号超市	广西壮族自治区桂林市象山区新桥园巷67号

表11－8　　运输距离和货运量

地点	AB	AC	AD	AF	AE	AG	BC	CD	DF	EF	EG	FG
距离	9	12	12	24	20	21	9	10	19	6	1	6
货运量	0.8	0.7	1.0	1.1	1.75	1.15	—	—	—	—	—	—

☞ 知识考核

一、单选题

1. 泡沫塑料属于(　　)。

A. 重货　　B. 泡货　　C. 勿压货　　D. 易碎货

2. 当同一车中有目的地不同的货物时，因遵循(　　)的装载原则。

A. 先送后装　　B. 先送先装　　C. 后送后装　　D. 混合装载

二、多选题

1. 公路运输的货物一般分为(　　)。

A. 重货　　B. 泡货　　C. 勿压货　　D. 易碎物

2. 以下属于运输装载的原则有(　　)。

A. 轻重搭配的原则

B. 大小搭配的原则

C. 货物性质搭配原则

D. 堆码高度不能太高

三、判断题

1. 在货物装载过程中货物的标签朝外，以方便装卸。　(　　)

2. 在完成车辆积载过程中，要明确订单内容、掌握货物的性质、明确具体配送地点、适当选择配送车辆。　(　　)

模块十二 12
退货作业

▶学习要点

1. 了解退货作业的概念；
2. 能够完成退货工作。

▶案例导入

在配送中心，难免会遇到有产品本身问题、或者运输原因造成货物损坏等产生的退货作业。那么，当接到客户退货的要求时，要如何处理呢？

任务一　退货作业认知

☞任务目的

1. 了解退货作业的含义；
2. 理解退货的标准；
3. 熟悉客户退货的原因；
4. 掌握客户退货处理的原则。

☞任务内容

柴真毅在完成送货作业后，张诚经理安排他接触退货作业的相关工作，要求他通过网络、图书、询问同事等途径，对退货作业有基本的认知。

☞任务准备

计算机、互联网

☞任务分工

岗位	岗位职责	主要内容	技能要求与基本素质	对应人员
岗前了解	无	初步了解退货作业。	初步了解退货作业的概念。	柴真毅
岗前了解	无	掌握退货作业的原因。	掌握退货作业的原因，能够根据退货作业的原则处理退货作业。	柴真毅

☞任务资讯

一、退货作业的概念

退货，是指配送中心按配送合同将货物发出后，由于某种原因，客户将商品退回公司。商品退货会大幅度增加成本、减少利润，因此在销售业务中，应尽可能地避免退货与换货。

二、货物退货的标准

货物退货是指仓库按订单或合同将货物发出后，由于某种原因，客户将商品退回仓库。通常发生退货或换货的原因主要有：

(一)协议退货

与仓库订有特别协议的季节性商品、试销商品、代销商品等，协议期满后，剩余商品仓库给予退回。

(二)有质量问题的退货

对于不符合质量要求的商品，接收单位提出退货，仓库也将给予退换。

（三）搬运途中损坏退货

商品在搬运过程中造成产品包装破损或污染，仓库将给予退回。

（四）商品过期退回

食品及有保质期的商品在送达接收单位时或销售过程中超过商品的有效保质期，仓库予以退回。

（五）商品送错退回

送达客户的商品不是订单所要求的商品，如商品条码、品项、规格、重量、数量等与订单不符，都必须退回。

☞任务操作

步骤一：认知退货作业的含义

配送中心在完成配送的过程中，会遇到交货中或交货后，因货物包装破损、商品损坏、商品保质期快到或已经过期、送交的商品与客户要求的商品不相符等情况，会发生退货。退货作业就是在完成配送活动中，由于配送方或客户方关于配送物品的有关影响因素存在异议，而进行处理的活动。

步骤二：掌握客户发生退货的原因

1. 依照协议可以退换的情况，连锁超市与供应商达成协议的代销商品、适销商品、季节性商品等；
2. 由于包装的原因，货物在搬运中产生振动，造成商品损坏或包装破损；
3. 由于质量问题的退货；
4. 次品召回；
5. 商品过期退回；
6. 商品送错退回。

步骤三：明确客户退货处理的原则

1. 以有关方面的法律、法规为依据；
2. 维护客户合法、合理的利益；
3. 责任明确原则；
4. 以存在的事实物品有效凭证办理；
5. 退货具体规定要明确。

步骤四：掌握有权拒绝客户退货要求的情况

1. 超过规定的退货时间；
2. 所退商品缺少、内配件缺少、外观受损、包装受损、商品脏污；
3. 无发货单或发票、收据丢失；
4. 发货单、发票、收据脏污、损坏、涂改等均无效；
5. 由于客户自身原因产生的退货。

☞任务评分

班级			姓名		小组		
任务名称		退货作业认知					
考核内容		评价标准	参考分值（100）	学生自评	小组互评	教师评价	考核得分
职业素养情况	1	具有良好的沟通能力	5				
	2	具有良好的服务态度	5				
	3	在任务实施过程中具有较强的总结能力	10				
知识掌握情况	4	掌握退货作业的概念	10				
	5	熟悉退货作业的标准	5				
	6	掌握发生退货作业的原因	10				
	7	理解退货作业的原则	5				
能力提升情况	8	能够了解客户发生退货的原因并予以避免	10				
	9	能够掌握客户退货处理的原则，能够根据实际情况拒绝客户退货的要求	10				
	10	能够主动搜集所需信息，进行自主学习	10				
参与活动情况	11	积极参与任务实施	5				
	12	积极参与小组讨论	5				
	13	积极回答老师提问	10				
小计							
合计＝自评＊20%＋互评＊40%＋教师评＊40%							

操作习题作业

☞模拟案例

模拟一个课堂，对退货作业的含义、客户退货的原因以及客户退货处理的原则等进行讨论和回答。

☞知识考核

一、单选题

1. 某超市在收到配送中心送来的货物时，发现已过保质期要求退货，请问这属于(　　)退货。

A. 协议　　B. 有质量问题　　C. 商品过期　　D. 搬运途中损坏

2. 以下哪种情况可以拒绝客户退货的要求(　　)。

A. 与仓库订有特别协议的季节性商品、试销商品、代销商品等，协议期满后，剩余商品仓库给予退回

B. 商品在搬运过程中造成产品包装破损或污染

C. 送达客户的商品不是订单所要求的商品，如商品条码、品项、规格、重量、数量等与订单不符

D. 所退商品缺少、内配件缺少、外观受损、包装受损、商品脏污

二、多选题

客户退货处理的原则有(　　)。

A. 以有关方面的法律、法规为依据

B. 维护客户合法、合理的利益

C. 以存在的事实物品有效凭证办理

D. 退货具体规定要明确

任务二　退货作业流程

☞任务目的

1. 了解退货处理的办法；
2. 掌握退货基本作业流程；
3. 掌握完成退货作业要注意的事项；
4. 能够完成退货作业。

☞任务内容

今天柴真毅在处理订单时，看到了一份退货清单。于是柴真毅向张诚经理咨询该如何处理。张诚经理告诉柴真毅这属于客户的退货处理。张诚经理让柴真毅把退货单拿到售后服务部，并向那里的同事学习退货作业的操作。

☞任务准备

计算机、互联网、仓储实训室

☞任务分工

岗位	岗位职责	主要内容	技能要求与基本素质	对应人员
岗前了解	业务员	初步了解退货作业处理的办法。	初步了解退货作业处理的办法，明确退货处理要注意的事项。	柴真毅
岗前了解	业务员	掌握退货作业的流程。	掌握退货作业的流程，能够顺利完成退货作业。	柴真毅

☞任务资讯

一、退货处理的办法

配送中心根据退货的原因，应采用以下方法妥善处理。

(一)无条件重新发货

对于因为发货人按订单发货发生错误的，应由发货人重新调整发货方案，将错发货物调回，重新按原正确订单发货，中间发生的所有费用应由发货人承担。

(二)运输单位赔偿

对于因为运输途中产生受到损坏而发生退货的，根据退货情况，由发货人确定所需的修理费用或赔偿金额，然后由运输单位负责赔偿。

(三)收取费用，重新发货

对于因客户订货有误而发生退货的，退货所有费用由客户承担，退货后，再根据客户新的订货单重新发货。

(四)重新发货或替代

对于因为产品有缺陷，客户要求退货的，配送中心接到退货指示后，营业人员应安排车辆收回退货产品，将商品集中到仓库退货处理区进行处理。一旦产品回收活动结束，生产厂家及销售部门就应立即采取措施，用没有缺陷的同一品种或替代品重新填补零售货店的货架。

二、退货基本作业流程

(一)退货处理的程序

1. 客户退货时应填写“退货申请表”，客户服务部门应就退货相关事宜同客户进行沟通和确认退货的原因并开具“退货单”，作为客户退货、财务结算、运输交接、仓库接收退货的依据。

2. 仓库在收到客户的退货时，应根据“退货单”尽快清理完毕，如有异议必须以书面的形式提出。

3. 仓库应将退入仓库的货物，根据其退货原因，分别存放、标示。对于属供应商造成的不合格品，应与采购部门联系，催促供应商及时提回。对于属仓库造成的不合格品且不能修复的，每月应申报一次，及时进行处理。

4. 登记入账。对于已发放的货品和退回货品，要及时入账，并按时向相关部门报送有关资料。

(二)退货作业的流程

这里面包括退货物品的接收和退货物品的处理。而退货物品的处理，还包括退货物品的分类、整理(部分商品可重新入库)、退给供应商或报废销毁以及账务处理等。其退货的作业流程如图 12-1 所示。

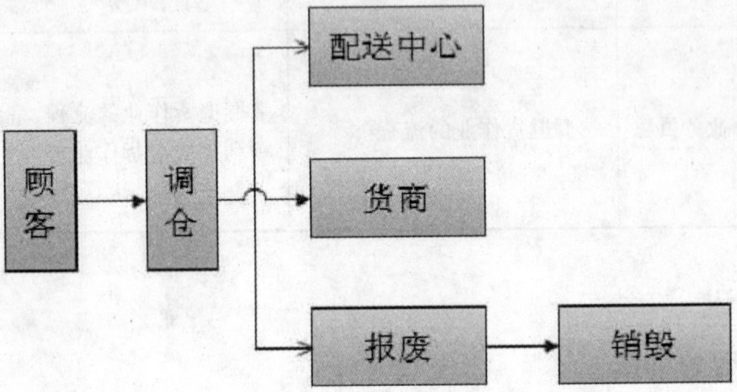

图 12-1　商品退货作业流程

三、退货处理要注意的事项

(一)配货中心应制定退货规定

作为客户服务的一部分，配送中心应建立一定的程序对退换货的检查、准许和处理等事项做出规定，使有关各方面能维持良好的关系。

(二)高层管理人员及相关部门应参与退货物的回收活动

退货处理对生产厂家和流通领域中的各方面来说都是一件极其严重的事情。配送中心高层管理部门、企业的法律人员、公关人员、质量管理人员、制造工程人员以及销售人员都应参加。

(三)配送中心应选派专人负责处理货物回收事件

这样能更好地应对紧急情况，并且能高效、快速地处理事件。

(四)配送中心应制定一些预防措施

若货物回收事件处理不成功，要诉诸法律时，企业可以将已采取的预防措施作为申述的一部分内容。

(五)要注意退货善后工作

货物回收后，要立即补送新货以减少客户的抱怨；会计账目也要立即修正，以免收款或付款错误，造成进一步的混乱；若有保险公司理赔，应立即依照保险理赔程序办理。

☞ 任务操作

步骤一：接受退货

仓库接受退货要有规范的程序与标准，如什么样的货品可以退，由哪个部门来决定，信息如何传递等等。仓库的业务部门接到客户传来的退货信息后，要尽快将退货信息传递给相关部门，运输部门安排取回货品的时间和路线，仓库人员作好接收准备，质量管理部门人员确认退货的原因。一般情况下，退货由送货车带回，直接入库。批量较大的退货，要经过审批程序。

步骤二：重新入库

对于客户退回的商品，仓库的业务部门要进行初步的审核。由于质量原因产生的退货，要放在堆放不良品而准备的区域，以免和正常商品混淆。退货商品要进行严格的重新入库登记，及时输入企业的信息系统，核销客户应收账款，并通知商品的供应商退货信息。

步骤三：财务结算

退货发生后，给整个供应系统造成的影响是非常大的，如对客户端的影响、仓库在退货过程中发生的各种费用、商品供应商要承担相应货品的成本等等。如果客户已经支付了商品费用，财务要将相应的费用退给客户。同时，由于销货和退货的时间不同，同一货物价格可能出现差异，同质不同价、同款不同价的问题时有发生，故仓库的财务部门在退货发生时要进行退回商品货款的估价，将退货商品的数量、销货时的商品单价以及退货时的商品单价信息输入企业的信息系统，并依据销货退回单办理扣款业务。

步骤四：跟踪处理

退货发生后，首先要处理客户端提出的意见。由于退货所产生的商品短缺、对质量不满意等客户端的问题是业务部门要重点解决的。所以要认真统计，及时总结，将此信息反馈给相应的管理部门，以便制定改进措施。退货仓库的商品要及时通知供应商，退货的所有信息要传递给供应商，如退货原因、时间、数量、批号、费用、存放地点等，以便供应商能将退货商品取回，并采取改进措施。

☞ 任务评分

班级			姓名		小组		
任务名称		退货作业流程					
考核内容		评价标准	参考分值（100）	学生自评	小组互评	教师评价	考核得分
职业素养情况	1	具有良好的沟通能力	5				
	2	具有良好的分析能力	5				
	3	在任务实施过程中具有较强的总结能力	10				
知识掌握情况	4	掌握退货处理的办法	10				
	5	熟悉退货处理要注意的事项	5				
	6	掌握退货处理的程序	10				
	7	掌握退货作业流程	5				
能力提升情况	8	能够了解退货处理的办法，及时满足客户的退货要求	10				
	9	能够完成退货作业	10				
	10	能够主动搜集所需信息，进行自主学习	10				
参与活动情况	11	积极参与任务实施	5				
	12	积极参与小组讨论	5				
	13	积极回答老师提问	10				
小计							
合计＝自评＊20%＋互评＊40%＋教师评＊40%							

操作习题作业

☞ 模拟案例

模拟一个退货流程，根据退货清单完成退货作业。

☞ 知识考核

一、单选题

1. 配送中心在给客户配送过程中，因为运输公司在配送过程中发生意外，导致货物遭到损坏，客户要求将损坏的商品退货，配送中心应该如何处理。(　　)

A. 无条件重新发货

B. 运输单位赔偿

C. 收取费用，重新发货

D. 重新发货或替代

二、多选题

1. 退货作业的处理方法有(　　)。

A. 无条件重新发货

B. 运输单位赔偿

C. 收取费用，重新发货

D. 重新发货或替代

2. 退货处理要注意的事项(　　)。

A. 配送中心应选派专人负责处理货物回收事件

B. 配货中心应制定退货规定

C. 高层管理人员及相关部门应参与退货的回收活动

D. 要注意退货善后工作

三、判断题

1. 仓库接受退货要有规范的程序与标准，如什么样的货品可以退，由哪个部门来决定，信息如何传递等。(　　)

2. 对于因客户订货有误而发生退货的，退货后，再根据客户新的订货单重新发货，运输费用不由客户承担。(　　)

参考答案

模块一　走近配送

任务一　配送认知

一、单选题

1. A　2. C　3. B

二、多选题

1. ABCD　2. CD　3. ABCD

三、判断题

1. 错　2. 对　3. 对

任务二　配送的基本方式

一、单选题

1. B　2. C　3. D

二、多选题

1. AD　2. BCD　3. ABCD

三、判断题

1. 对　2. 错　3. 对

任务三　配送合理化

一、单选题

1. C　2. D　3. B

二、多选题

1. AC　2. ABCD　3. ABCD

三、判断题

1. 对　2. 对　3. 错

模块二　走近配送中心

任务一　了解配送中心

一、单选题

1. B　2. C　3. A

二、多选题

1. ABCD　2. ABCD　3. AB

三、判断题

1. 对　2. 错　3. 对

任务二　配送中心分类认知

一、单选题

1. D　2. A　3. B

二、多选题

1. CD　2. AC　3. ABC

三、判断题

1. 错　2. 错　3. 对

任务三　配送中心组织结构认知

一、单选题

1. A　2. C　3. B

二、多选题

1. ABCD　2. ABC　3. ABC

三、判断题

1. 对　2. 对　3. 错　4. 错

模块三　订单处理作业

任务一　认识订单

一、单选题

1. A　2. D　3. B

二、多选题

1. ABCD　2. AD　3. ABCD

三、判断题

1. 对　2. 错　3. 对

任务二　订单处理作业流程

一、单选题

1. C　2. A　3. D

二、多选题

1. BC　2. ABCD　3. ABD

三、判断题

1. 对　2. 错　3. 对

模块四　进货作业

任务一　进货作业准备工作

一、单选题

1. B　2. A　3. B

二、多选题

1. ABC　2. ABC　3. ABD

三、判断题

1. 对　2. 对　3. 错

任务二　进货作业流程

一、单选题

1. A　2. B　3. A

二、多选题

1. ABCD　2. ACD　3. ABCD　4. BCD

三、判断题

1. 错　2. 对　3. 对

模块五　储存作业

任务一　储位指派作业

一、单选题

1. C　2. B　3. D

二、多选题

1. AB　2. ABC　3. ABCD

三、判断题

1. 错　2. 对　3. 对

任务二　巡视检查作业

一、单选题

1. A　2. C　3. D

二、多选题

1. BC　　2. ABCD　　3. ABC

三、判断题

1. 对　2. 对　3. 错

任务三　盘点作业流程

一、单选题

1. D　2. C　3. A

二、多选题

1. ABD　2. AC　3. BD

三、判断题

1. 错　2. 对　3. 对

模块六　补货作业

任务一　补货作业认知

一、单选题

1. C　2. A　3. D

二、多选题

1. ABC　2. BCD　3. ABCD

三、判断题

1. 错　2. 对　3. 对

模块七　拣货作业

任务一　拣货作业认知

一、单选题

1. B　2. A　3. C

二、多选题

1. BCD　2. ABCD　3. AB

三、判断题

1. 对　2. 错　3. 对

模块八　流通加工作业

任务一　流通加工作业认知

一、单选题

1. B　2. D　3. C

二、多选题

1. ABCD　2. CD　3. ABCD

三、判断题

1. 对　2. 对　3. 对

任务二　流通加工作业

一、单选题

1. A　2. C　3. A

二、多选题

1. ABCD　2. ABC　3. ABC

三、判断题

1. 错　2. 对　3. 对

模块九　配货作业

任务一　配货作业认识

一、单选题

C

二、多选题

1. ABCD　2. ABCD

任务二　配货作业流程

一、单选题

1. C　2. B

二、多选题

ABCD

模块十　调度作业

任务一　调度作业认识

一、单选题

1. B　2. B　3. A

二、多选题

ABC

三、判断题

对

任务二　调度作业流程

一、单选题

1. B　2. A　3. B

二、多选题

1. ABD　2. ABCD

三、判断题

1. 错　2. 对

模块十一　送货作业

任务一　送货作业认识

一、单选题

B

二、多选题

1. ABCD　2. ABCDE

三、判断题

对

任务二　送货作业流程

一、单选题

1. B　2. A

二、多选题

1. ABC　2. ABCD

三、判断题

1. 对　2. 对

模块十二　退货作业

任务一　退货作业认识

一、单选题

1. C　2. D

二、多选题

ABCD

任务二　送货作业流程

一、单选题

B

二、多选题

1. ABCD　2. ABCD

三、判断题

1. 对　2. 错